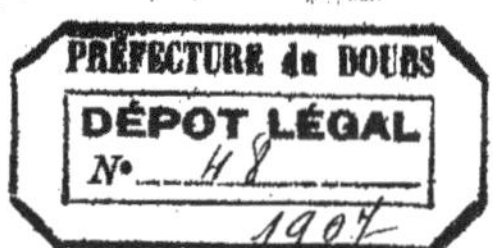

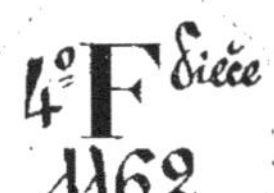

[COLL]ECTION DU BULLETIN-COMMENTAIRE DES LOIS NOUVELLES & DÉCRETS

P. Guillot

AVOCAT A LA COUR D'APPEL
DE PARIS

Assistance obligatoire

Aux vieillards, infirmes et incurables

Privés de ressources

COMMENTAIRE DE LA LOI DU 14 JUILLET 1905

ET DES

TEXTES LÉGISLATIFS Y RELATIFS

DEUXIÈME ÉDITION

PRIX : 1 FR. 50 FRANCO

ADMINISTRATION
DU BULLETIN-COMMENTAIRE DES LOIS NOUVELLES ET DÉCRETS
Léonce BELZACQ, directeur
103, BOULEVARD SAINT-MICHEL, 103, PARIS (Ve)

COMITÉ DE RÉDACTION

COLLECTION DU BULLETIN-COMMENTAIRE DES LOIS NOUVELLES & DÉCRETS

P. Guillot

AVOCAT A LA COUR D'APPEL DE PARIS

Assistance obligatoire

Aux vieillards, infirmes et incurables

Privés de ressources

COMMENTAIRE DE LA LOI DU 14 JUILLET 1905

ET DES

TEXTES LÉGISLATIFS Y RELATIFS

DEUXIÈME ÉDITION

PRIX : 1 FR. 50 FRANCO

ADMINISTRATION

DU BULLETIN-COMMENTAIRE DES LOIS NOUVELLES ET DÉCRETS

Léonce BELZACQ, directeur

103, BOULEVARD SAINT-MICHEL, 103, PARIS (Ve)

Commentaire de la loi du 14 juillet 1905 relative à l'assistance obligatoire aux vieillards, aux infirmes et aux incurables privés de ressources (1).

INDEX DES MATIÈRES

COMMENTAIRE

I. — Généralités

1. *Principes de la loi.* — La loi met obligatoirement à la charge de la société l'assistance des personnes adultes. L'introduction de ce principe dans nos lois est à lui seul une véritable révolution.

Il est vrai qu'aux termes de la loi du 7 août 1851, les incurables indigents des communes privées d'établissements hospitaliers pouvaient être admis dans les établissements du département moyennant un prix de journée accepté par elle et aux termes de l'article 4 les hos-

(1) Cette loi n'est applicable qu'à partir du 1er janvier ou plutôt du 1er mai 1907. Voir *infra*, n° 67.

pices pouvaient, si leurs ressources le leur permettaient, admettre, dans les lits vacants, des incurables sans exiger des communes le prix des journées fixé par l'article 3. Au point de vue pratique il faut reconnaître que les hospices sont mal répartis en France ; il y a cinq mille lits inoccupés actuellement.

Jusqu'ici les vieillards n'avaient que deux moyens pour obtenir des secours, l'admission facultative dans un hospice ou l'arrestation pour mendicité ; et dans les dépôts de mendicité il y avait une coexistence fâcheuse de vieillards incurables avec des gens très sains. Sur 5,389 incarcérés, il y avait 4,151 hospitalisés contre 1,757 reclus. Il y a bien aussi l'attribution de bons représentatifs de secours d'hospice donnés par les bureaux de bienfaisance, mais ils sont insuffisants. Les bureaux de bienfaisance donnent annuellement 20 fr. environ et dans 15,000 communes il n'y a pas encore de bureaux de bienfaisance. En France on compte 15,768 bureaux de bienfaisance pour 17 millions d'habitants qui secourent 1,385,661 indigents, dont 226,373 hommes valides, 254,640 femmes valides, 175,256 sexagénaires, 485,252 enfants, 51,872 hommes infirmes, 53,327 femmes infirmes, 15,450 enfants infirmes et 119,392 sexagénaires infirmes. Avant la loi de 1905, il n'y avait que les enfants abandonnés et les aliénés secourus obligatoirement ; désormais il y aura les adultes infirmes ou incurables ou bien âgés.

Autre innovation non moins importante : tandis que les secours jusqu'ici n'étaient alloués que d'une façon temporaire (il en est ainsi notamment de l'assistance donnée aux indigents ou aux malades par les bureaux de bienfaisance), l'assistance donnée en vertu de la loi du 14 juillet 1905 est au contraire définitive vis-à-vis de celui qui la reçoit. La loi du 15 juillet 1893 a bien déjà organisé l'assistance médicale obligatoire, mais elle n'a trait qu'aux malades curables et l'assistance était temporaire. Si le malade était incurable, le bénéfice de la loi d'assistance médicale pouvait lui être retiré ; cette anomalie cessera : il aura droit désormais à des secours permanents. La loi crée une obligation, elle donne à l'assisté un droit en sus. Il y a obligation quand l'Etat intervient pour contraindre des établissements ou des collectivités à assurer le service que la loi leur confère et quand il leur fournit le moyen d'avoir des ressources proportionnelles aux charges qui leur incombent. Dans le cas où le département, la commune, l'établissement public refusent de se soumettre à leurs obligations, les crédits nécessaires au fonctionnement sont inscrits d'office aux budgets : c'est la conséquence de l'obligation. Il n'y a droit à l'assistance que si dans la loi une juridiction est organisée devant laquelle l'impétrant pourra, en cas de refus, exercer un recours. Comme secours obligatoires d'assistance en France, il n'y a que les asiles départementaux d'aliénés qui sont astreints à recevoir les aliénés placés d'office, les hôpitaux qui doivent admettre les individus tombés malades sur le territoire de la commune ; enfin le service des enfants assistés est également l'objet de dépenses obligatoires. Mais la loi de 1893 sur l'assistance médicale gratuite [1] organise un semblable droit à l'assistance pour les malades indigents, il en est de même de la loi que nous étudions. La loi de 1905 a établi l'assistance aux vieillards, infirmes et incurables obligatoire pour la commune, le département et l'Etat, entre lesquels il y a une répartition de dépenses obligatoires, mais, de plus, l'impétrant peut valablement faire valoir ses droits à l'assistance s'ils sont méconnus.

2. *Mesures antérieures.* — Diverses mesures avaient été prises antérieurement à la loi par le législateur français pour venir en aide aux vieillards : c'est ainsi que la loi du 7 août 1851, dans le but de diminuer le nombre des pensionnaires des hospices, permettait aux commissions hospitalières de consacrer une partie de leurs ressources, jusqu'à concurrence du cinquième, à des secours à domicile accordés à des vieillards ou infirmes placés dans leurs familles, et la loi du 21 mars 1873 avait même permis de distribuer le quart et même le tiers des ressources hospitalières aux secours à domicile, avec permission du Conseil général.

Pour remédier à la situation des vieillards si dignes d'intérêt, la Chambre des députés avait voté, le 17 décembre 1895, le projet de résolution suivant : La Chambre, résolue à organiser dans le plus bref délai possible l'assistance des vieillards et des infirmes indigents par la contribution des communes, des départements et de l'Etat, prend acte de la promesse faite par le gouvernement de proposer, dans le budget de 1897, les crédits nécessaires pour jeter les premières bases de cette organisation. En exécution de cet engagement, la loi de finances de 1897 contenait un article ainsi conçu : « A partir du 1er janvier 1897, l'Etat contribuera, dans les conditions de la loi sur l'assistance médicale et conformément aux barèmes A et B de cette loi, au paiement de toute pension annuelle d'au moins 90 fr. et de 200 fr. au plus, constituée par les départements ou les communes en faveur de toute personne de nationalité française privée de ressources, incapable de subvenir par son travail aux nécessités de l'existence, et soit

(1) Fortier, *De l'assistance médicale gratuite en France.* 1 br. in-8, 1 fr. 50. Belzacq, éditeur, 103, boulevard Saint-Michel, à Paris.

âgée de soixante-dix ans, soit atteinte d'une maladie ou infirmité reconnue incurable, sans que le nombre des pensions auxquelles devra contribuer l'Etat puisse dépasser deux pour mille de la population [1]. »

Il y eut peu d'enthousiasme parmi les départements et les communes pour organiser ce service — si bien que la plus grande partie du crédit de 590,000 fr., inscrit au budget de l'Etat, fut chaque année annulée. Pour activer le mouvement, l'article 61 de la loi du 30 mars 1902 spécifia que « l'Etat participerait aux pensions prévues par l'article 45 de la loi du 27 mars 1897, constituées par les départements et les communes d'accord avec les conseils généraux au profit de personnes de nationalité française privées de ressources, incapables de subvenir par leur travail aux nécessités de l'existence et soit âgées de plus de soixante-dix ans, soit atteintes d'une infirmité ou d'une maladie reconnue incurable dans les conditions de la loi sur l'assistance médicale et conformément aux barèmes A et B de cette loi, avec cette modification que la part des communes telle qu'elle résulte du barème A est diminuée de 10 % et celle de l'Etat augmentée d'une somme égale. Néanmoins la part de l'Etat ne dépassera pas 60 fr. par pension et le total de la subvention de l'Etat sera fixé chaque année par la loi de finances. L'Etat ne pourra subventionner par département un nombre de pensions supérieur à deux millièmes de la population. La pension ne pourra être supérieure à 200 fr., ou inférieure à 50 fr. Cette pension annuelle sera toujours révocable. Malgré toutes les dispositions législatives en 1899, quatorze départements seulement avaient constitué un service de pension aux vieillards et soixante-trois en 1902 avec 29,181 pensions, dans lesquelles à eux seuls les départements de la Seine, du Nord et des Bouches-du-Rhône fournissaient 17,000 pensions. En 1902, la dépense s'était élevée à 2,215,319 fr., dont 1,395,581 fr. à la charge des communes, 528,625 fr. à la charge des départements et 273,181 fr. à la charge de l'Etat.

Cette tentative du législateur français de majoration de pensions n'a pas réussi. Si l'assistance publique avait peu réussi, il y a lieu de mentionner les efforts de l'assistance privée. Suivant M. Hermann Sahan, les Petites Sœurs des Pauvres avaient fondé 106 maisons et recueillaient 15,340 vieillards. M. Sibille à la Chambre des députés, estimait qu'elles secouraient au moins 18,000 vieillards [2] et rendaient ainsi un service qui pouvait s'évaluer à 10 millions. M. de Castelnau soutenait que l'assistance privée venait en tout à l'aide de 75,000 vieillards.

Il résulte d'un discours de M. Aynard à la Chambre des députés et d'une communication de M. Emile Labiche au Comité supérieur de l'assistance publique que les départements du Rhône et d'Eure-et-Loir ont déjà une organisation complète.

Cette très louable initiative aurait dû être suivie par d'autres départements.

La Commission d'assistance et de prévoyance, dès 1882, désirant sérier les questions, émit la délibération suivante :

Que la solidarité sociale diffère essentiellement de la charité en ce qu'elle reconnaît aux intéressés définis par la loi un droit et qu'elle leur donne un moyen légal de le faire valoir.

Que le principe de la solidarité sociale inspire et commande deux formes distinctes de réalisation : l'assurance et l'assistance.

En ce qui touche l'assurance :

Considérant que son but est de constituer à tous les membres de la nation dénués de moyens de s'assurer par leurs seules ressources personnelles une retraite de vieillesse ou d'invalidité.

En ce qui concerne l'assistance :

Considérant que dans tous les cas où, pour une raison quelconque, un vieillard ou un invalide se trouve privé de toute ressource, le devoir actuel de la nation est d'intervenir pour l'assister;

Considérant que la conclusion nécessaire de ces prémisses est l'obligation pour tous les membres de la nation de participer aux charges de la solidarité sociale,

Décide la création selon ces principes d'un service public de solidarité sociale, de prendre pour base de ces travaux les deux rapports déposés au nom de la Commission précédente par MM. Guieyesse et Bienvenu-Martin, « qui lui ont été envoyés sous forme de proposition de loi [1]. »

Dès 1888, le ministre de l'Intérieur avait envoyé aux préfets une circulaire intéressante en cette matière. « Une des questions les plus dignes de retenir l'attention de ceux que préoccupe le sort des classes pauvres est l'assistance des vieillards et des infirmes dénués de ressources. Plusieurs de ces individus trouvent place dans les hospices, mais c'est le petit nombre, les autres, en général, ne peuvent compter que sur le secours des bureaux de bienfaisance. Or 19,111 communes sont dépourvues d'établissement de ce genre, et là où il en existe, la moyenne des secours accordés par eux n'est que 19 fr. 50, et on n'a cherché qu'à augmenter le nombre des lits

(1) Voir *Commentaire du Budget* de chaque année depuis 1895. Prix : 1 fr. 50. Belzacq, éditeur à Paris.

(2) Chambre des députés, séance du 19 mai 1903.

(1) Albert Révillon, *L'assistance aux vieillards âgés et infirmes*.

d'hospices pour remédier à cette situation. Au lieu de chercher à augmenter le nombre d'individus admis dans les hospices, il conviendrait de favoriser le développement d'une organisation de secours à domicile qui laissât le pauvre à domicile, conservant les biens paternels et permettant de venir en aide à un plus grand nombre d'indigents. L'hospitalisation est, en effet, de tous les modes d'assistance le plus onéreux. » A la suite de cette circulaire, un grand nombre de conseils généraux tentèrent de créer l'assistance à domicile pour les vieillards et les incurables, mais trente départements se refusèrent formellement à entrer dans cette voie.

En 1889, au Congrès d'assistance publique, M. Monod, directeur de l'assistance publique, inaugurait les séances et disait : « Qu'est-ce que la législation française a fait pour assurer l'assistance aux vieillards et aux incurables pauvres ? La réponse est facile : elle n'a rien fait du tout ; » et il proposait de poser en principe que l'assistance publique était due, à défaut d'autre assistance, à l'indigent qui se trouve temporairement ou définitivement dans l'impossibilité physique de pourvoir aux nécessités de l'existence.

En 1892, le Conseil supérieur de l'assistance publique, sur le rapport de M. Hermann Sahan, instituait un projet de loi relatif à l'organisation générale d'assistance aux vieillards et incurables.

3. *Historique de la loi.* — Dans le projet de loi élaboré par le Conseil supérieur de l'assistance publique en 1892, il était stipulé que l'assistance aux vieillards serait obligatoire, communale, ou, à son défaut, départementale ou nationale.

L'admission des vieillards et des incurables secourus était prononcée par le Conseil municipal après avis du bureau d'assistance. Le vieillard devait être secouru à domicile et l'incurable à l'hospice.

Pour être admis aux secours, le vieillard devait avoir soixante-dix ans, l'incurable devait présenter un certificat médical et faire constater son état d'incurabilité par le médecin de l'hospice, le domicile de secours était de dix ans pour les vieillards et de cinq ans pour les incurables.

Le projet présenté par le Conseil d'Etat en 1898 différait peu de celui du Conseil supérieur. Il y était dit que des secours publics sont donnés obligatoirement en faveur des Français indigents qui, soit âgés de soixante-cinq ans au moins, soit atteints d'une infirmité incurable, sont, en outre, reconnus incapables de subvenir à leur subsistance par le travail. Les secours publics ne sont alloués qu'en cas d'absence ou d'insuffisance des secours soit privés : dette alimentaire, œuvres charitables, soit publics (ressources des bureaux de bienfaisance et des hospices).

Le domicile de secours devait s'acquérir par un séjour de dix ans pour les vieillards, et de cinq ans pour les incurables ; la dépense était répartie entre la commune, le département et l'Etat, suivant les barèmes légèrement modifiés de la loi du 15 juillet 1893. Les vieillards ou infirmes dans les conditions légales pour être secourus, mais n'ayant ni domicile de secours départemental ni domicile de secours communal, étaient à la charge de l'Etat. La liste des bénéficiaires était arrêtée par le Conseil municipal sur présentation du bureau d'assistance, mais un recours était admis contre les décisions du Conseil municipal dans les conditions de la loi de 1898.

Les secours consistent dans le paiement d'une pension mensuelle payée à domicile ou dans l'hospitalisation ; le paiement était toujours révocable, les dépenses résultant de l'application de la loi étaient obligatoires et inscrites d'office aux budgets communaux et départementaux.

Dans ce projet l'assistance n'est obligatoire qu'à titre subsidiaire. En dehors de ces deux projets dus à l'initiative officielle, il y en a eu d'autres dus à l'initiative privée du Parlement, notamment le projet de MM. Emile Rey et Lachièze du 22 février 1895 (1), qui fut rapporté le 13 décembre 1895 par M. Fleury-Ravarin (2).

Au Sénat, en 1898, M. Paul Strauss déposait une proposition sur l'assistance obligatoire due aux vieillards et aux infirmes indigents (3). A la législature suivante, MM. E. Rey et Lachièze déposaient leur ancien projet (4) en même temps que M. Louis Puech en déposait un nouveau le 14 novembre 1898 (5).

Sur ces deux propositions M. Bienvenu-Martin fit un rapport (6) ; la discussion de ces propositions n'aboutit pas. A la huitième législature, MM. Rey et Lachièze reprirent leur projet (7) en même temps qu'une autre proposition de MM. Bienvenu-Martin et Audiffred, à la suite du vote de la résolution prise le 5 décembre 1905 par la Commision d'assistance et de prévoyance relatée plus haut, M. Bienvenu-Martin fut nommé rapporteur (8) de ces divers projets.

Le projet vint en discussion à la Chambre après déclaration d'urgence les 17, 27, 30 mai,

(1) Chambre des députés, VIe législature, n° 1193.
(2) Chambre des députés, VIe législature, n° 1693.
(3) Sénat, 1898, ann. n° 10.
(4) Chambre des députés, VIIe législature, n° 714.
(5) Chambre des députés, VIIe législature, n° 317.
(6) Dépôt le 19 février 1900. Ch. des députés, VIIe législature, n° 1434.
(7) 12 février 1902, VIIIe législature, n° 56. Ch. des députés.
(8) 27 février 1902, VIIIe législature, n° 118 Ch. des députés.

4, 8, 9, 11, 12 et 15 juin 1903. Le projet fut transmis au Sénat le 18 juin 1903 (*Doc. parl.*, n° 1306) (1).

Le projet, de retour de la Chambre, fut envoyé au Sénat à une commission qui examina en même temps le projet déposé par M. Guyot le 26 novembre 1903 (*Doc. parl.*, n° 896).

M. Strauss fit sur ces deux projets un rapport déposé le 23 février 1904, auquel vint s'ajouter une note du ministère de l'Intérieur donnant des résultats statistiques approximatifs (11 juin 1904) et un avis de M. Milliès-Lacroix au nom de la Commission des finances (*Doc. parl.*, n° 331).

Le rapport de M. Strauss fut discuté au Sénat en première délibération les 8, 9, 15 et 16 juin 1905, et en seconde délibération les 6 et 7 juillet 1905 (2).

Le 11 juillet 1905, le texte revint à la Chambre des députés, qui adopta le texte voté par le Sénat. La loi votée fut publiée au *Journal officiel* le 16 juillet 1905.

Au cours de la discussion, le projet a subi diverses modifications importantes.

Dans le projet de M. Bienvenu-Martin et de la Commission, le Conseil municipal devait, en considération individuelle de chaque assisté, déterminer l'allocation qu'il convenait de lui allouer suivant le prix de la vie dans la ville et les ressources que devait posséder l'assisté. Mais la subvention devait être la même aux yeux de la loi, quelles que fussent ses ressources.

Le Conseil municipal devait également dresser la liste des bénéficiaires et se faire juge de leur degré d'indigence. Il était à craindre que la fâcheuse politique ne jouât un rôle dans les décisions prises par le Conseil municipal, aussi, à la suite de la discussion de juin 1903 y eut-il sur ce point de sérieuses modifications. Le Conseil municipal ne devait plus que fixer le chiffre d'une allocation type représentant à peu près le coût de la vie dans la commune, c'est-à-dire la somme annuelle nécessaire pour faire face aux nécessités premières de l'existence. Il était en outre admis que les ressources personnelles de l'assisté devaient être déduites de l'allocation d'assistance arrêtée par le Conseil municipal. Si l'assisté jouissait de certains revenus, on ne devait lui donner que le complément nécessaire pour atteindre le chiffre de la pension complète d'assistance.

La Chambre prévoyait ainsi un décompte spécial des ressources provenant de l'épargne et de la bienfaisance privée.

Le Sénat fit disparaître tout ce qui pouvait faire croire à un droit de l'assisté et à une obligation juridique de la société. Il a décidé que pour être compris dans la loi, il faudrait avoir les deux conditions : être âgé de soixante-dix ans et être en même temps incapable de travailler.

La disposition aux termes de laquelle les vieillards et infirmes étrangers pourraient être secourus en France, à charge de réciprocité en pays étranger, a disparu lors de la discussion au Sénat.

Telles ont été les modifications les plus importantes qui ont été apportées à la loi lors de la discussion du projet dans les deux Chambres.

4. *Application de la loi; qualité de Français. — Quels sont les bénéficiaires de la loi?* Il faut d'abord : *Etre Français.* La loi dit : Tout Français...., etc. Il faut donc être Français. M. Bienvenu-Martin, dans son rapport, écrivait : « Du moment que l'assistance est considérée comme un droit ayant sa source dans le devoir de solidarité qui unit tous les enfants de la nation, ce droit ne peut logiquement appartenir qu'aux nationaux. »

Des étrangers. — La Chambre des députés avait adopté une disposition ainsi conçue, empruntée à la loi du 15 juillet 1893 : « Les étrangers qui remplissent les conditions prescrites par les paragraphes précédents seront assimilés aux Français toutes les fois que le gouvernement aura passé un traité d'assistance réciproque avec leur pays d'origine. » Au Sénat, la commission ajouta la phrase suivante : ou que la loi leur assurera des avantages au moins égaux. Cette addition fut retirée, mais le paragraphe tout entier fut rejeté par le Sénat. Il est bien entendu que les bureaux de bienfaisance et les hospices pourront continuer à secourir les étrangers pauvres quand les circonstances locales ou spéciales le comporteront, au jugement de leurs commissions administratives. C'est là, comme pour le passé, une simple faculté.

---

(1) VIIIe législature, n° 1889.

(2) Résumé projet Rey et Lachièze, 12 février 1895, VIe législature, n° 1193. — Rapport Fleury-Ravarin, IIe législature, n° 1673. — Sénat, projet Paul Strauss, document 1898, n° 10. — Projet Rey et Lachièze, VIIe législature, n° 714. — Projet Puech, VIIe législature, n° 317. — Rapport Bienvenu-Martin, Ch. des députés, VIIe législature, n° 1084. — Projet Rey et Lachièze, VIIIe législature, Ch. des députés, document n° 56. — Projet Bienvenu-Martin, Audiffred, VIIIe législature, document n° 118. — Rapport Bienvenu-Martin, VIIIe législature, n° 222. — Discours Chambre des députés, 27, 29, 30 mai, 4, 8, 9, 11, 12 et 15 juin 1903. — Transmission au Sénat le 18 juin 1903. *Doc. parl.*, n° 136. — Sénat, projet Guyot, 1903. *Doc.*, n° 896. — Rapport Strauss, déposé le 25 février 1904. *Doc. parl.*, n° 43. — Note du ministre de l'Intérieur, 11 janvier 1904. *Doc. parl.*, Sénat, p. 54. — Avis de M. Milliès-Lacroix au nom de la Commission des finances. *Doc. parl.*, n° 880. — Discussion au Sénat les 8, 9, 15 et 16 juin 1905. — 2e délibération, 5 et 7 juillet 1905. — Transmission à la Chambre le 10 juillet 1905. — Rapport Puech, discussion 10 et 13 juillet 1905. — Publication, 16 juillet 1905

Voir sur cette question : la circulaire du 16 avril 1906, à laquelle nous nous sommes reporté et l'article de M. Ripert, *Annales des Sciences politiques*.

Admettre les étrangers au bénéfice de l'assistance obligatoire, c'était créer pour certaines villes frontières, où il y a beaucoup d'étrangers, des charges peut être lourdes.

Si les pays étrangers veulent, dans l'avenir, passer des traités, on attendra leurs propositions, qui seront sérieusement examinées.

5. *Absence de ressources.* — Il faut être privé de ressources. La Commission de prévoyance et d'assistance sociale avait primitivement mis : Tout Français indigent ; mais M. Mirman protesta contre ce mot indigent, qui selon lui est trop vague. On ne sait où commence l'indigence. L'indigent, d'après Dalloz, est celui qui manque de moyens d'existence, et dans Fuzier-Herman on peut lire : « On entend par indigent la personne dépourvue de tous moyens d'existence. » Par l'expression être privé de ressources il faut entendre, pour les personnes qui peuvent être secourues à domicile, n'avoir pas de revenus équivalents à ce qui sera indispensable à l'existence, soit le taux de l'allocation mensuelle prévue par l'article 80. Pour les personnes hospitalisables, on regardera comme privées de ressources celles qui ne sauraient, au moyen de leurs revenus, payer le prix fixé pour la pension dans l'hospice.

Il ne faudrait pas prendre le mot privé de ressources au sens strict, car la loi permet à l'assisté l'existence de certaines ressources.

Il est, en effet, dit à l'article 20 : « Au cas où la personne admise à l'assistance dispose déjà de certaines ressources. » La loi reconnaît elle-même que l'assisté pourrait avoir quelques ressources. M. Lourties, pour concilier ces deux textes, avait proposé d'inscrire dans la loi : Tout Français privé de ressources ou n'ayant pas de ressources suffisantes pour vivre ; mais cette modification n'a pas été votée. Il résulte de la discussion à la Chambre (séance 19 mai 1903) que l'existence de parents tenus à la dette alimentaire, en situation de pourvoir aux besoins du vieillard, de l'infirme et de l'incurable indigent, ne détruit pas la dette sociale ; mais il est donné un droit de recours aux collectivités qui ont acquitté cette dette, contre les parents qui n'auraient pas rempli spontanément leur devoir. Il est donc bien entendu qu'on ne pourra refuser l'inscription d'un malheureux sur la liste en arguant de ce que sa famille devrait le secourir. L'action de l'Etat, des départements et des communes se prescrit par cinq ans. La commune, le département, l'Etat, auront la faculté de se servir de l'assistance judiciaire pour intenter cette action soit contre l'assisté, soit contre les parents de l'assisté (1).

M. de la Ferronays avait demandé qu'on ajoutât à l'article 1er, aux conditions exigées pour avoir droit à l'assistance, les mots : « Lorsqu'il n'aura ni descendant direct, ni frère, ni sœur, en état de lui venir en aide. » M. Millerand combattit l'amendement en prétendant qu'il violait le Code civil, puisque, d'après le Code, les frères et les sœurs ne sont pas tenus à la pension alimentaire, et il ajoutait : « La proposition de loi donne une créance aux vieillards de soixante-dix ans, aux infirmes et aux incurables indigents. Pour que la créance soit sérieuse, il faut qu'il y ait un débiteur certain auquel on puisse dès lors s'adresser, contre lequel on puisse faire valoir son droit. Ce débiteur certain, il est, d'après la proposition, suivant le cas, ou bien la commune, ou le département, ou l'Etat. Nous admettons ces trois débiteurs, nous demanderons à la Chambre de n'en pas admettre d'autres » (Chambre des députés, séance 20 mai 1903).

On ne pourrait non plus refuser d'inscrire un assisté sous le prétexte qu'il recevrait des secours de l'assistance privée, à moins que ces secours ne représentent des secours fixes et permanents, auquel cas il y aurait lieu de faire un décompte aux termes de l'article 20.

M. Bienvenu-Martin a dit à ce sujet : Il n'est pas impossible que certaines sociétés, telles que sociétés de secours mutuels, sociétés d'assurances ou autres, aient pris l'engagement formel de procurer l'assistance à telle ou telle personne. Eh bien, il ne faut pas que le jour où la loi actuelle sera votée, ces sociétés se déchargent de l'obligation qu'elles ont assumée (Ch. députés, 30 mai 1903). Plus tard il a dit : Nous n'avons nullement entendu faire peser sur les sociétés de secours mutuels la menace d'un secours en quelque sorte permanent. C'est dans les cas très rares où une société quelconque, société de secours mutuels, société d'assurance ou toute autre, débitrice soit d'une pension viagère, soit d'une dette d'assistance, n'exécuterait pas ses obligations, que nous admettons la possibilité d'un recours contre elle (Ch. députés, 8 juin 1903).

Il faut donc admettre que l'expression privé de ressources ne peut être prise dans un sens absolu.

6. *Incapacité de travailler. — Il faut être dans l'incapacité de subvenir par le travail aux nécessités de l'existence.* Il faut ensuite être dans l'incapacité de travailler, pour pouvoir bénéficier de la loi. Le Sénat a, sur ce point, modifié le texte de la Chambre (séance 9 juin 1905). La Chambre avait admis comme présomption qu'un vieillard âgé de soixante-

(1) Fortier, *L'assistance judiciaire*, d'après la loi du 10 juillet 1901. Texte et commentaire. 1 br. in-8, 1 fr. 50. Belzacq, éditeur, 103, boulevard Saint-Michel, à Paris.

dix ans était dans l'incapacité de gagner sa vie par le travail. Le Sénat a admis que certains septuagénaires, surtout dans les campagnes, pouvaient encore trouver dans le travail des moyens d'existence, et que quelquefois même l'expérience pouvait suppléer avantageusement, dans quelques métiers, à l'absence ou à la diminution de la vigueur physique.

Comment pourra-t-il être établi que tel vieillard, tel invalide, est incapable de subvenir par le travail aux nécessités de l'existence? M. Bienvenu-Martin a répondu à la Chambre à cette question : « Dans la plupart des cas, l'infirmité ou la maladie incurable sont de notoriété publique. Il serait superflu alors d'exiger un certificat médical, qui nécessiterait une dépense sans utilité. Dans d'autres où elle sera moins évidente, l'infirme ou l'incurable pourra produire un certificat délivré par un médecin de son choix, sauf au maire à faire contrôler son attestation par tel autre médecin qu'il désignera. Et le conseil municipal statuera ensuite en toute liberté sur chacun des secours organisés par la loi. »

Dans la circulaire adressée par le ministre de l'Intérieur aux préfets, il est dit à ce sujet : On ne peut tracer aucune règle fixe ; tel aveugle, par exemple, malgré son infirmité et grâce à une éducation appropriée, est en état de gagner largement sa vie ; tel autre est réduit à l'impuissance. Les cas devront être élucidés et approfondis un à un, non seulement d'après les constatations médicales, mais d'après les témoignages de la notoriété publique.

7. *Age.* — Il faut être septuagénaire, infirme ou incurable. Il est bien entendu que l'âge de soixante-dix ans ne suffit pas pour créer un droit et une cause d'admission : si le vieillard est assez valide pour suffire à ses dépenses par son travail, et qu'au contraire une personne plus jeune doit bénéficier de la loi, si l'usure ne lui permet pas de subvenir à ses besoins. Toutefois, dit l'auteur du commentaire aux préfets, on peut considérer que l'âge de soixante-dix ans est une grave présomption d'incapacité, et que la charge de prouver le contraire incombe à ceux qui contestent le droit à l'assistance ; tandis que la preuve de l'incapacité est au contraire à la charge des personnes qui réclament l'admission d'un adulte moins âgé.

La condition d'âge que nous avons admise, écrit M. Bienvenu Martin dans son rapport de 1900, est la même que celle qui a été adoptée par la loi de finances de 1897. En maintenant à soixante-dix ans l'âge requis pour l'obtention de l'assistance, nous avons été mus à la fois par le désir de limiter les dépenses qu'entraînerait l'exécution de la loi et par le souci d'éviter les inconvénients d'ordre économique et moral qui pourraient se produire si cet âge était abaissé. En donnant le secours trop tôt, on risquerait d'affaiblir l'esprit d'épargne, de diminuer le goût du travail. M. Mirman avait proposé que tout enfant légitime ou non, ayant vécu plus de trois ans, donnât droit à une réduction de six mois sur l'âge normal de la pension de vieillesse au bénéfice de la mère justifiant qu'elle a supporté dans la mesure de ses ressources les charges de l'entretien dudit enfant jusqu'à l'âge où celui-ci a pu subvenir lui-même à ses besoins. Le Sénat a supprimé cette modification à la loi comme peu pratique.

En fait, il est regrettable de constater que l'incapacité de travail se produit le plus souvent bien avant soixante-dix ans. Les statistiques allemandes le prouvent. Au sujet du différend entre la Chambre et le Sénat, M. Ribot a pu dire : La question théorique se réduit à fort peu de chose, car si vous voulez jeter les yeux sur les statistiques allemandes en ce qui concerne l'application de la loi sur l'invalidité, vous verrez que ce terme de soixante-dix ans fixé par la loi allemande de jour en jour ne figure plus sur ces statistiques comme un terme idéal. Partout il est démontré par une triste expérience que ce n'est pas l'âge de soixante-dix ans qui déterminera l'incapacité physique de travail, qu'elle est acquise beaucoup plus tôt, et ce sont les retraites d'invalidité qui se substituent aux retraites de vieillesse (Ch. députés, 11 juillet 1905).

8. *Hernies, varices.* — Sur une question de M. Auffray relative aux hernies et aux varices, posée à la séance du 19 mai 1903, dans quelle mesure les hernies et varices rendent-elles un homme qui n'est pas septuagénaire infirme ou incurable? Si la décision, laissée à un règlement d'administration publique, n'intervient pas pour poser des règles très fermes à la discrétion et à l'arbitraire des Conseils municipaux, qui seront ici très sévères, là beaucoup trop larges, il y aurait là, à mon sens, un grand danger. Le rapporteur a répondu : Tout ce que pourra faire le règlement d'administration publique, ce sera de déterminer dans quelles conditions se fera la constatation de la maladie ou de l'infirmité incurable.

L'infirmité et l'incurabilité sont choses relatives. Les autorités locales et les Commissions d'appel devront juger chaque espèce dans un esprit modéré, mais surtout en écartant toutes les considérations étrangères.

Elles devront écarter résolument les maladies chroniques qui sont du ressort de la loi du 15 juillet 1893.

9. *A qui doit incomber la charge des vieillards, infirmes ou incurables?* — Quelles sont les collectivités qui doivent secourir les vieillards infirmes? C'est, en première ligne, la commune où l'assisté a son domicile de secours. Il est naturel que l'assistance communale intervienne; seule elle est compétente pour le discernement de la véritable misère, du véritable besoin de l'assisté.

A défaut de la commune, le département intervient, et, à défaut du département, l'Etat; mais, dans ce cas, l'autorité centrale jugera si l'assistance est nécessaire et de quelle façon elle sera donnée.

Les départements et l'Etat viennent, dans des proportions qui seront déterminées ultérieurement, à l'aide des communes.

Les communes, les départements et l'Etat sont seuls les débiteurs de l'assistance. S'il y a concours d'œuvres particulières, il en est tenu compte dans les termes de l'article 20; mais la Chambre des députés a repoussé, à plusieurs reprises, tous les amendements qui n'admettaient la dette sociale qu'à défaut de l'assistance privée (séances 29 et 30 mai 1903).

10. *Domicile de secours.* — La loi décide que l'assistance accordée aux vieillards sera communale, et il est décidé que le domicile de secours communal ou départemental s'acquiert et se perd conformément aux conditions prévues aux articles 6 et 7 de la loi du 15 juillet 1893.

La loi du 15 juillet 1893, dans son article 6, établit que le domicile de secours s'acquiert 1° par la résidence d'un an postérieurement à la majorité ou à l'émancipation; 2° par la filiation. L'enfant a le domicile de secours de son père. Si la mère a survécu au père ou si l'enfant est un enfant naturel reconnu de la mère seule, il a le domicile de la mère. En cas de séparation de corps ou de divorce des époux, l'enfant légitime partage le domicile de l'époux à qui a été confié le soin de son éducation de par le jugement. La femme, du fait de son mariage, acquiert le domicile de secours de son mari. Les veuves, les femmes divorcées ou séparées de corps conservent le domicile de secours antérieur à la dissolution du mariage ou au jugement de séparation. Pour les autres cas, le domicile de secours est le lieu de la naissance jusqu'à la majorité ou à l'émancipation. Aux termes de l'article 7, le domicile de secours se perd 1° par une absence ininterrompue d'une année postérieurement à la majorité ou à l'émancipation.

2° Par l'acquisition d'un autre domicile de secours.

On devra appliquer à la nouvelle loi la circulaire du 18 mai, basée sur l'avis du Conseil d'Etat du 5 mai 1902, quant au domicile de secours des femmes abandonnées par leurs maris, aux enfants abandonnés par leurs parents. Mais la nouvelle loi se sépare sur un point important de la loi de 1893; car, tandis que la loi de 1893 n'exige qu'une année de résidence pour avoir le domicile de secours, la loi de 1905 exige cinq ans de résidence, et ceci a été décidé par le législateur afin d'empêcher les exodes nombreux vers les départements plus riches ou les communes plus libérales. C'est ainsi que la loi contient une disposition spéciale stipulant que le domicile de secours ne peut être acquis ou perdu à partir de soixante-cinq ans. Le rapporteur à la Chambre a dit que cette disposition était nécessaire pour empêcher les indigents de déplacer à leur gré la charge d'assistance. En principe, dit la circulaire du ministre, l'assistance est due là où l'homme a, par son travail, coopéré à la richesse publique, et celui qui vient se faire assister dans une commune, quand il ne peut plus travailler, la grève sans compensation.

Ainsi, le domicile de secours est consolidé à soixante-cinq ans. Un vieillard qui, ayant son domicile de secours dans une commune A, ayant soixante-quatre ans, irait habiter la commune de D, où il resterait jusqu'à soixante-dix ans, n'en aurait pas moins son domicile de secours en A, car à partir de soixante-cinq ans, la durée de l'absence ou de la présence dans une commune est sans influence sur la perte ou l'acquisition d'un domicile de secours. Ceci ressort d'un amendement voté par la Chambre (séance du 30 mai 1903), qui déclare qu'à partir de soixante-cinq ans, nul ne peut acquérir un nouveau domicile de secours.

Une question intéressante a été résolue par le législateur. Aux termes des lois de 1897 et de 1902, il a pu être attribué dans certaines communes et départements des pensions à certains vieillards et infirmes qui n'avaient pas leur domicile de secours dans ces communes ou départements; il a été décidé, sur l'intervention de M. Quillebœuf, que la charge illégitime de l'assistance ne pèserait pas sur cette commune, mais sur celle où la loi du 14 juillet 1905 fixe le domicile de secours.

Il y aura une question délicate à trancher. Il pourra arriver qu'un blessé qui a l'assistance médicale dans une commune où il n'a pas acquis de résidence devienne infirme, qui devra le secours? Il semblerait que la commune où il a l'assistance médicale devrait lui venir en aide, mais s'il n'a pas les cinq ans de résidence, cela serait contraire à l'article 3.

Pour les enfants assistés, ils ont leur domicile de secours dans le département au service duquel ils appartiennent dans le cas où ils deviennent infirmes ou incurables. Il s'agit surtout des enfants assistés ayant atteint leur majorité, qui ont leur domicile de secours au point de vue de l'infirmité dans le département qui les a élevés jusqu'à ce qu'ils aient habité cinq ans depuis leur majorité une nouvelle commune ou un département où ils auraient acquis un nouveau domicile.

Il a été jugé par le Conseil d'Etat (arrêt du 24 mars 1899) qu'une fois le domicile de secours fixé par la loi obtenu, il ne peut être modifié par des changements de résidence de l'assisté ou de ceux chez qui il se trouve.

11. *Organisation du service.* — Si l'assistance est communale, ce qui est naturel, le service de l'assistance aux vieillards, aux infirmes et aux incurables est organisé par le Conseil général dans chaque département qui délibère conformément à l'article 48 de la loi du 10 août 1871, c'est-à-dire que sa délibération ne sera exécutoire que si dans un délai de trois mois un décret n'en a pas suspendu l'exécution. Si le Conseil général refusait ou négligeait de délibérer, il serait pourvu à l'organisation du service par un décret rendu en la forme des règlements d'administration publique.

12. *Recours des départements et communes.* — Il pourra se faire dans l'application qu'une commune aura indûment payé le secours à un vieillard ou à un infirme qu'elle ne devait pas secourir. Dans ce cas il est attribué, aux termes de l'article 4, un recours à la commune ou au département qui a indûment payé.

Le projet primitif de la Commission portait que ce recours pourrait être exercé pendant une durée de trente années. Un amendement de M. Balitrand a décidé que la durée du recours serait de cinq ans, et c'est ce qui figure dans la loi.

La commune qui a indûment payé ne pourra réclamer le remboursement que d'une année de secours. On a obéi ainsi à deux prescriptions, a dit M. Bienvenu-Martin.

La première, c'est de forcer la commune à rechercher le domicile de secours le plus rapidement possible et à ne pas se laisser prolonger une incertitude qui pourrait avoir des conséquences très onéreuses pour les municipalités ; la deuxième, c'est de protéger les petites communes, qui sont l'immense majorité, contre des répétitions qui seraient trop lourdes pour leurs finances (Ch. des députés, 30 mai 1903).

Il est entendu également dans la loi que la somme à rembourser ne pourra être supérieure au montant de la dépense qu'aurait nécessitée l'assistance si elle avait été donnée au domicile de secours ; le rapporteur dit à ce sujet : Si l'assistance a été donnée à domicile et que l'allocation mensuelle créée à l'assisté excède le taux de celle qui est d'ordinaire accordée au domicile de secours, le remboursement sera accordé d'après ce taux. Si l'assisté a été hospitalisé, la somme à rembourser ne pourra dépasser le prix de la journée exigé par l'hospice où la collectivité débitrice a l'habitude de placer ses vieillards et ses infirmes.

La commune ou le département qui aura payé à tort et qui se sera fait rembourser devra restituer les subventions qu'elle aura pu recevoir à ce sujet.

Pour les hôpitaux et les hospices, l'article 5 de la loi du 7 août 1891 subsiste, et ils pourront exercer un recours non seulement contre la famille de l'assisté, mais aussi contre les départements.

Si un vieillard ou un incurable a été placé dans un hospice au compte d'une commune où l'on suppose que cet indigent a son domicile de secours et qu'ensuite il soit reconnu être domicilié dans une autre commune, le recours, s'il y a lieu, sera exercé par la commune qui a indûment payé les frais de séjour dans l'établissement hospitalier, l'hospice n'interviendra pas. Si, au contraire, cet indigent a été reçu gratuitement parce qu'on le croyait domicilié dans la commune où est situé l'hospice, l'hospice qui a supporté la dépense devra répéter ses avances à la commune.

Si un hospice ou un hôpital a reçu, par application de l'article 1er de la loi du 7 août 1851, un individu tombé malade dans la commune sans y être domicilié, et que cet individu devienne ensuite incurable, aux termes de l'article 1er de la loi, l'hospice aura un droit de répétition à exercer contre la commune ou le département du domicile de secours ou contre l'Etat, si l'indigent n'a pas de domicile de secours pour la dépense de son entretien à partir du jour où cet indigent aura été admis à l'assistance ; mais dans ce cas le recours des hôpitaux et hospices aurait lieu pour la totalité des sommes dues et ne sera pas limité à la période d'un an prévue par l'article 4.

La difficulté soulevée par l'application de l'article 4 serait soumise au Conseil de préfecture.

Ainsi donc la collectivité, l'Etat, le département ou la commune, qui aurait par erreur assisté un vieillard ou un infirme dont l'assistance ne lui incombait pas légalement, saisirait directement le Conseil de préfecture de sa réclamation.

S'il y a une question d'état à juger, celle-ci sera renvoyée à l'autorité judiciaire.

Les décisions du Conseil de préfecture peuvent être portées devant le Conseil d'Etat ; le pourvoi est jugé sans frais et dispensé du timbre et du ministère d'avocat.

13. *Recours contre l'assisté ou sa famille.* — La commune, le département ou l'Etat ont également un recours avec le bénéfice de la loi du 10 juillet 1901, soit contre l'assisté, soit contre toutes les personnes tenues de l'obligation alimentaire d'assistance et notamment les personnes désignées dans les articles 105, 106, 107 et 212 du Code civil, et dans les termes de l'article 108 [1]. Ce recours était déjà reconnu par l'article 2 de la loi du 15 juillet 1893.

Il est à remarquer toutefois que ce recours ne peut porter que sur cinq années de secours. Cette limitation, dit le ministre, a été édictée dans l'intérêt des familles que des réclamations trop élevées pourraient mettre dans l'embarras. Les communes, les départements et l'Etat sont, au point de vue de l'action en répétition, dans une situation moins favorable que les hospices, puisque ces établissements ne sont soumis qu'à la prescription du droit commun. En outre, il est tenu compte, dans l'action contre les membres de la famille, de leur situation de fortune, conformément à l'article 108 du Code civil.

Les communes, les départements et l'Etat ont aussi un recours contre l'assisté qui a, postérieurement à l'admission, des ressources suffisantes : ceci a pour but de mettre fin à certaines dissimulations qui peuvent se produire.

Le texte vise l'assisté, mais s'étend à la succession contre laquelle le recours pourra être exercé.

Pour exercer un recours, il faut, dit le ministre dans sa circulaire, des ressources suffisantes de façon à rentrer, sinon dans la totalité des dépenses, au moins dans une grande partie. Il serait blâmable d'exercer un recours dont la conséquence serait de faire retomber un homme dans l'indigence.

En ce qui concerne le recours contre les sociétés tenues à l'assistance, il est dit dans l'article 20 que les sommes versées par ces sociétés entreront en décompte de la pension, ce qui implique qu'il ne pourrait plus y avoir recours s'il y avait participation et collaboration dans le sens de l'article 20.

Tous ces recours contre l'assisté, les sociétés ou les personnes tenues à l'obligation alimentaire sont portées devant les tribunaux judiciaires, et sur un amendement de M. de Castelnau voté par la Chambre le 30 mai 1903, il a été décidé que le bénéfice de l'assistance judiciaire, conformément à la loi du 10 juillet 1901, serait accordé à la commune, au département ou à l'Etat, qui exerceraient le recours. D'une façon générale, le ministre, dans sa circulaire, invite les préfets à veiller à ce que les collectivités usent strictement de leur droit : si les deniers des contribuables doivent être protégés autant que possible, l'impression doit être donnée aux familles qu'on ne les laissera pas se décharger indiscrètement sur un service public des obligations que la loi naturelle et la loi civile s'accordent à leur imposer. Si elles ne peuvent remplir ces obligations en totalité, il faut du moins qu'elles y satisfassent dans la proportion de leur fortune. (*Voir renvoi n° 5*, supra.)

14. *Obligations du Conseil général.*— Les Conseils généraux sont chargés de l'organisation du service de l'assistance aux vieillards, aux infirmes, aux incurables, dans les conditions prévues à l'article 48 de la loi du 10 août 1871. Si le Conseil général refusait d'organiser le service, il y serait pourvu par un décret rendu en Conseil d'Etat ; et de même, dans le cas où la décision du Conseil général serait insuffisante et ne permettrait pas, comme crédit, au service de marcher, on suspendrait la délibération (art. 19, loi du 10 août 1871). Le Conseil général devra faire un règlement sur l'organisation du service. Le préfet et l'inspecteur départemental de l'assistance pourront organiser le fonctionnement de ce service et le surveiller.

II. — Admission à l'assistance

15. *Rôle du bureau d'assistance.* — C'est le bureau d'assistance qui dresse chaque année, un mois avant la première session du Conseil municipal, la liste des bénéficiaires de la loi d'assistance aux vieillards âgés, infirmes ou incurables. Un amendement qui avait proposé de laisser ce pouvoir au Conseil municipal ne fut pas admis. C'est la commission administrative du bureau d'assistance instituée dans toute commune par la loi de l'assistance médicale gratuite qui doit dresser la liste (séance Chambre des députés, 30 mai 1903).

La commission administrative du bureau d'assistance délibérera seule, mais elle pourra s'entourer des avis des personnes qui s'occupent d'œuvres charitables. Il est toujours permis aux bureaux d'assistance de s'entendre avec les représentants de l'assistance privée, mais un amendement tendant à l'adjonction d'un délégué des œuvres locales de bienfaisance privée a été repoussé.

16. *Nécessité d'une demande d'inscription.* — La Commission n'a pas à rechercher les

---

(1) Art. 105. Les enfants doivent des aliments à leurs père et mère et autres ascendants qui sont dans le besoin.

Art. 106. Les gendres et belles-filles doivent également, et dans les mêmes circonstances, des aliments à leurs beau-père et belle-mère, mais cette obligation cesse lorsque la belle-mère a convolé en secondes noces ; 1° lorsque celui des époux qui produisait l'affinité et les enfants issus de son union avec l'autre époux sont décédés.

Art. 107. Les obligations résultant de ces dispositions sont réciproques.

Art. 108. Les aliments ne sont accordés que dans la proportion du besoin de celui qui les réclame et de la fortune de celui qui les doit.

Voir Bazenet, *Nouvelle compétence des Juges de paix*. 2e édition, 1906. 1 vol. in-18, 3 fr. 50. Belzacq, éditeur, 103, boulevard Saint-Michel, à Paris.

vieillards, incurables et infirmes qui figureront sur la liste ; elle ne peut les inscrire spontanément. La loi subordonne l'inscription à une demande écrite. Cette demande, si l'impétrant est illettré, peut être écrite par un parent, par un ami (Sénat, 9 juin 1905). L'apposition d'un signe quelconque sur la demande suffira, s'il est certifié par le maire et deux témoins.

Dans leur demande les impétrants feront valoir leurs titres.

La Commission pourra se faire produire un certificat médical constatant l'infirmité, l'incurabilité, l'impossibilité de se livrer à un travail rémunérateur.

Le Sénat a repoussé un amendement tendant à la production :

1° Du relevé des contributions directes payées par la famille du pétitionnaire, certifié par le percepteur ;

2° D'une déclaration de lui attestant qu'il est privé de ressources ;

3° D'une attestation conforme de trois pères de famille habitant depuis dix ans au moins la commune et jouissant de leurs droits civils et politiques.

Il a été décidé, dans la séance du Sénat du 7 juin 1905, qu'il fallait une demande initiale écrite au début.

Les demandes seront adressées en général au maire, comme chef de la municipalité et président de la Commission administrative du bureau d'assistance. Les demandes adressées au Conseil municipal devront être renvoyées à la Commission administrative du bureau d'assistance.

La Commission administrative ne devra pas se borner à inscrire l'impétrant avec la mention (vieillard, infirme ou incurable), mais devra proposer en même temps le mode d'assistance qui conviendra le mieux à chacun, et fixera le chiffre de l'allocation mensuelle en cas de secours à domicile.

17. *Liste de proposition.* — Cette liste de proposition comprendra deux parties, l'une comprenant les vieillards, infirmes et incurables paraissant avoir leur domicile de secours dans la commune, c'est-à-dire ceux résidant dans la commune depuis au moins cinq ans ; l'autre, les vieillards, infirmes et incurables qui pourront avoir leur domicile de secours dans une autre commune, ou n'avoir que le domicile de secours départemental, ou n'avoir aucun domicile de secours. Et en face de chaque admission, elle devra fixer le domicile de secours qui paraît devoir lui venir en aide.

18. *Rôle du Conseil municipal.* — Une double copie des deux parties de la liste sera établie par la Commission administrative du bureau d'assistance ; un des doubles sera transmis au Conseil municipal par les soins du maire ; il sera accompagné de toutes les demandes d'admission à l'assistance et des dossiers correspondants, sans qu'il y ait à distinguer entre les demandes qui auront été favorablement accueillies par la Commission administrative et celles qu'elle aurait cru devoir écarter. Le Conseil municipal a, du reste, le droit d'adjoindre sur la liste d'assistés des noms autres que ceux qui sont proposés par le bureau d'assistance.

Si, dans le cours de l'année, il y a lieu de faire des additions ou des retranchements à la liste, on procédera à la revision trimestrielle, dans les mêmes conditions que l'établissement de la liste primitive.

Si le bureau d'assistance n'existe pas ou s'il refuse de dresser la liste, le Conseil municipal y procéderait en son lieu et place dans le mois.

Le Conseil municipal statue sur l'admission à l'assistance des vieillards infirmes et incurables ayant le domicile de secours dans la commune, le bureau de bienfaisance ne fait que des présentations : le Conseil municipal arrête la liste. Le Conseil peut soit écarter des personnes proposées par le bureau d'assistance, soit au contraire en admettre que le bureau aurait écartées ; il suffit alors que la commission administrative ait émis un avis ou se soit abstenue (Sénat, 6 juillet 1905). Le Conseil municipal a donc toute liberté d'appréciation pour accueillir soit sur la liste dressée par le bureau d'assistance, soit en dehors de cette liste, moyennant le simple avis préalable de ce bureau, les demandes qui lui paraissent justifiées.

Le Conseil municipal fixe aussi dans quelles conditions chaque postulant sera assisté ; à ce sujet, le bureau d'assistance ne fait que des propositions, que le Conseil peut admettre ou rejeter.

Les décisions du Conseil municipal sont sujettes aux recours ouverts par les articles 9 et 10.

Le Conseil municipal délibérera en pareil cas en comité secret, aussi bien pour la confection que pour la revision de la liste.

Le Conseil ne votera au bulletin secret que si le tiers des membres présents le demande ; l'article 51 de la loi du 5 avril 1884 est alors applicable ; autrement, on peut recourir au scrutin public (Chambre des députés, 30 mai 1903). Un amendement de M. Aynard tendant au vote secret fut rejeté. Un autre amendement fut rejeté également, tendant à l'admission sur la liste des vieillards ou infirmes ou incurables, en cas d'urgence, par le Conseil municipal, à tous moments. Il fut décidé qu'il faudrait toujours la présentation par la commission et le vote du Conseil municipal, mais que cette admission pourrait être prononcée en cours d'année. En cas d'urgence, l'hospice ou le bureau de bienfaisance, en attendant cette décision, devra pourvoir aux besoins les plus urgents.

19. *Recours contre la décision du Conseil municipal.* — Il y a une voie de recours contre les décisions du Conseil municipal. Le recours appartient aussi bien au vieillard, à l'infirme, à l'incurable dont la demande aurait été rejetée, qu'à tout habitant de la commune, soit même aux préfets pour le département, ou aux sous-préfets chacun pour leur arrondissement.

La réclamation de l'impétrant doit être présentée à la mairie. La loi ne parle pas de celles adressées par les habitants, les contribuables, les préfets ou les sous-préfets, mais la circulaire ministérielle estime que, par analogie, elle peut être adressée à la mairie.

Le maire devra donner un reçu des réclamations dont il sera saisi, si le réclamant le demande, et le maire doit faire parvenir immédiatement les réclamations à la commission cantonale chargée de les juger. Si les réclamations étaient adressées à la préfecture ou aux sous-préfectures, elles devraient être transmises par les préfets et les sous-préfets aux maires, après avoir été frappées du timbre à date. La réclamation contre l'inscription d'un impétrant sur la liste appartient à tout habitant ou à tout contribuable et non à toute personne qui résiderait temporairement dans la commune ou qui s'y trouverait accidentellement.

Les habitants, les contribuables, le préfet et les sous-préfets ont le droit de réclamer la radiation, mais aussi l'inscription, à condition que l'impétrant ait fait une demande qui ait déjà été écartée.

La réclamation est dispensée du timbre et doit être conçue dans la forme administrative.

Listes d'indigents. — Les listes d'indigents secourus doivent être déposées au secrétariat de la mairie, afin que tout habitant ou tout contribuable puisse en prendre connaissance sans autre déplacement.

20. *Délai pour la réclamation.* — Un délai de vingt jours est donné pour former la réclamation à date du dépôt. Aussi le maire est-il tenu de donner, par affiches, avis du dépôt de la liste au secrétariat de la mairie, mais en aucun cas la délibération et la liste ne doivent être affichées.

Le maire devra envoyer au préfet une copie de la liste arrêtée par le Conseil municipal, par l'intermédiaire du sous-préfet.

Le délai, quel que soit l'auteur de la réclamation, sera calculé suivant les règles que la jurisprudence a fixées pour le délai fixé en matière électorale. La personne dont l'inscription ou la radiation sera demandée devra être avertie sans frais, avec indication sommaire des motifs invoqués par le réclamant.

Le vieillard, l'infirme ou l'incurable peut également réclamer contre l'allocation mensuelle qui lui est attribuée pour tâcher d'en faire élever le chiffre : le préfet, le sous-préfet, les contribuables et les habitants peuvent faire une semblable réclamation.

La loi s'occupe, dans l'article 10, de l'allocation votée après déclaration des petites ressources dont dispose l'assisté (art. 20) et en raison du taux de l'allocation mensuelle arrêtée par le Conseil, sous l'approbation du Conseil général. Ce recours doit être fait dans les mêmes formes et le même délai que celui fait pour une demande d'inscription ou de radiation.

Commission cantonale. — Dans le projet présenté par la commission de la Chambre des députés, les recours faits contre les décisions du Conseil municipal devaient être jugés par la commission cantonale créée par la loi du 15 juillet 1893, qui était composée du sous-préfet de l'arrondissement, du conseiller général, d'un conseiller d'arrondissement dans l'ordre de nomination et du juge de paix du canton. Sur amendements, il y fut ajouté successivement : 1° une personne désignée par le préfet afin de mieux garantir les intérêts financiers de l'Etat; 2° un délégué des bureaux d'assistance du canton ; 3° un délégué des Sociétés de secours mutuels existant dans le canton.

Il a été admis, par avis du Conseil d'Etat du 20 décembre 1899, qu'au cas où le conseiller général ou le conseiller d'arrondissement était en même temps le maire de la commune intéressée, il pourrait prendre part à la décision de la commission cantonale, même dans le cas où la réclamation sur laquelle il y a lieu de statuer émanerait d'un habitant de sa commune.

Autant que possible, le délégué remplaçant le préfet résidera au chef-lieu du canton, et cette délégation n'aura pas de durée fixe.

Pour le délégué des bureaux d'assistance du canton, les commissions administratives des bureaux d'assistance invitées par le préfet à désigner leur représentant procéderont ainsi que le dit l'article 3 de la loi du 11 mai 1893. Chaque membre de la commission vote par bulletin écrit et remis fermé au président.

Les délibérations sont transmises immédiatement à la préfecture par les soins de la commission administrative. Le préfet procédera au dépouillement, assisté de la commission départementale, et proclamera élu celui qui aura la majorité relative. En cas d'égalité de suffrages, le plus âgé sera préféré.

La durée du mandat, d'après le règlement ministériel, serait de quatre ans, et le délégué serait indéfiniment rééligible.

Pour le délégué des sociétés de secours mutuels :

S'il n'y a dans le canton qu'une société de secours mutuels, l'assemblée générale, à ce invitée par le préfet, désignera le délégué, et le procès-verbal de la délibération sera renvoyé au préfet.

S'il y a plusieurs sociétés de secours mutuels, l'assemblée générale de chacune d'elles prendra une délibération. Chaque société votera par correspondance, et ce vote aura une valeur proportionnelle au nombre des membres inscrits au 31 décembre de l'année précédant l'élection. Le vote sera dépouillé comme pour le délégué des bureaux d'assistance. La durée du mandat est fixée à quatre ans avec possibilité de réélection indéfinie.

Le sous-préfet, président de la commission, centralisera les réclamations et convoquera la commission cantonale dans le délai fixé par la loi.

La décision de la commission cantonale devra être motivée et elle devra entendre le maire de la commune intéressée et les réclamants qui devront être convoqués par notification administrative. La commission pourra statuer même si le maire des réclamants ne comparaissait pas. La commission aura la faculté de s'entourer de tous les renseignements utiles ; ainsi elle pourra faire appeler et entendre un médecin, un receveur municipal et un répartiteur. Si le sous-préfet est dans l'impossibilité de présider, le juge de paix présidera. En cas de partage des voix, le président a voix prépondérante.

Aucun *quorum* n'est fixé, mais pour qu'il y ait décision, il faut qu'il y ait majorité. Les réclamations ne peuvent porter que sur l'inscription ou la non-inscription de la liste ou sur le chiffre de l'allocation mensuelle, mais la commission ne peut attribuer l'hospitalisation au lieu du secours mensuel ou *vice versa*. Elle devra décider si le vieillard, ou l'infirme ou l'incurable devra être assisté, mais le Conseil municipal devra ensuite statuer si l'assistance sera accordée à l'hospice ou à domicile.

Dans la huitaine, la décision des commissions doit être communiquée au maire et au préfet avec les motifs.

22. *Recours contre la commission cantonale.* — Au reçu de la décision, le maire doit opérer sur la liste municipale les additions, radiations ou les modifications apportées aux chiffres des allocations mensuelles. L'avis devra être communiqué aux parties intéressées par le préfet. Un recours est établi soit par la commission directement, soit par l'intermédiaire du préfet pour les parties intéressées qui écriront, avec dispense de timbre, pour former leur recours dans un délai de vingt jours à partir de la notification.

Toute personne intéressée est admise à se pourvoir contre les décisions de la commission cantonale. Par personne intéressée, il faut entendre non seulement l'infirme, le vieillard, l'incurable, mais encore tout habitant ou contribuable, le préfet et le sous-préfet, aussi bien que le maire au nom des intérêts de la commune.

Le recours devant la commission centrale n'est point suspensif. Pour le maire, le préfet, le délai part du jour de la notification ; pour les autres habitants et contribuables, il y aura une question de fait que la commission centrale aura à fixer dans chaque espèce.

23. *Cas du refus du Conseil municipal de dresser la liste des bénéficiaires de la loi.* — Si, après une mise en demeure du préfet, le Conseil municipal persiste dans son refus de dresser la liste des bénéficiaires de la loi, dans le délai d'un mois qui suivra la mise en demeure, la commission cantonale, réunie par le sous-préfet ou par le préfet dans le chef-lieu d'arrondissement, arrêtera d'office la liste dans les formes indiquées par l'article 8 sur l'examen des propositions de la commission administrative et des dossiers qui seront réclamés par le préfet ou le sous-préfet aux maires. Sur la liste dressée par la commission figurera le mode d'assistance en face du nom de chaque bénéficiaire et le montant de l'allocation mensuelle en cas d'assistance à domicile.

La liste sera transmise par le préfet ou le sous-préfet au maire, qui devra la garder dans ses archives, et le maire donnera avis de l'existence de la liste par affiches aux lieux accoutumés, non de la liste elle-même.

24. *Cas du refus de la commission cantonale à statuer.* — Dans le cas où la commission cantonale refuserait de statuer pour la confection de la liste, à défaut du Conseil municipal ou sur un appel formé contre les décisions des Conseils municipaux, les dossiers seraient renvoyés par le préfet ou le sous-préfet au ministère de l'intérieur. La commission centrale serait alors saisie et statuerait aux lieu et place de la commission cantonale.

25. *Résistance du maire.* — Dans le cas où le maire refuserait de faire le nécessaire pour transmettre les dossiers, le préfet peut, après mise en demeure, y procéder d'office ou nommer un délégué spécial pour agir aux lieu et place du maire (art. 85, loi 5 avril 1884).

26. *Cas où l'impétrant a le domicile de secours dans une autre commune que celle où il réside.* — Quand la liste aura été dressée et transmise aux préfets, soit qu'elle ait été dressée par la commission d'initiative ou par le Conseil municipal, il y aura lieu de s'occuper des vieillards, infirmes ou incurables n'ayant pas le domicile dans la commune où ils résident et d'où la liste émane. Dans ce cas, si les personnes ont le domicile communal dans une autre commune du département, le préfet invite le Conseil municipal de la commune du domicile de secours à statuer.

Pour ce faire, il transmet en même temps le dossier les concernant dans les conditions prévues aux articles 8 et suivants, c'est-à-dire après avis préalable de la commission administrative du bureau d'assistance de cette commune, fixation du mode d'assistance, dépôt de la délibération à la mairie, avis du dépôt par affiches aux lieux accoutumés, envoi des dossiers à la préfecture, faculté de recours devant la commission cantonale, faculté d'un recours de la commission cantonale à la commission centrale; enfin substitution de la commission cantonale au Conseil municipal en cas de négligence ou de refus du Conseil municipal.

27. *Cas où l'impétrant a le domicile de secours départemental.* — Si les personnes ont le domicile de secours dans le département, le préfet invitera la commission départementale à délibérer aux termes de l'article 14. Le préfet ne peut se faire juge de la question de savoir si l'impétrant a ou non le domicile de secours départemental. Le préfet peut instruire les dossiers, mais doit les transmettre tous à la commission départementale. Les dossiers devront être remis avec la proposition du préfet à la commission départementale. Pour les personnes ayant le domicile communal dans une commune autre que dans le département, ou le domicile départemental dans un autre département, le préfet doit transmettre le dossier avec avis et pièces justificatives aux préfets des départements intéressés. Il y aura seulement un extrait certifié conforme à la seconde partie de la liste dressée par la commission administrative du bureau de bienfaisance du lieu de la résidence.

28. *Cas où l'impétrant n'a pas de domicile de secours.* — Pour les personnes qui n'ont pas de domicile de secours, les préfets transmettront d'urgence les dossiers au ministère de l'intérieur avec avis, soit d'assistance à domicile avec le montant d'allocation proposée, soit d'hospitalisation. Autant que possible, il serait bon de joindre les derniers domiciles des postulants. Dans le cas où il y aurait eu erreur de la commission ou du Conseil municipal, en portant indûment comme ayant le domicile de secours communal celui qui ne l'avait pas, ou en portant comme ne l'ayant pas des personnes qui y avaient droit, dans le second cas les préfets doivent inviter les conseils à prendre une nouvelle délibération; dans le premier, ils doivent renvoyer les dossiers aux communes, aux départements chargés de l'assistance ou au ministère au cas d'incertitude du domicile de secours.

29. *Du rôle de la commission départementale pour les assistés ayant le domicile de secours départemental.* — Pour les personnes ayant le domicile de secours départemental, le préfet saisira la commission instituée par les articles 69 et suivants de la loi du 10 août 1871, des demandes des personnes ayant ce domicile de secours. Il n'y a pas obligatoirement avis préalable des bureaux d'assistance du lieu de la résidence, de sorte que les demandes pourraient venir directement à la commission départementale. Cette commission prononcera l'admission et règlera les radiations dans les cas où l'assistance départementale sera donnée. Elle ne peut modifier le chiffre des allocations mensuelles fixées par les Conseils municipaux, mais elle pourra fixer ce qui sera accordé annuellement à chacun des assistés à domicile.

Le Conseil général peut réformer les décisions de sa commission départementale, soit sur l'initiative du préfet ou sur celle de tout membre du Conseil général, ou du vieillard, infirme ou incurable intéressé.

30. *Recours contre les décisions des commissions départementales.* — Les décisions des commissions départementales sont immédiatement exécutoires. L'intéressé a un recours devant la commission centrale en cas de rejet de la demande ou de refus de statuer dans les vingt jours par le Conseil général, et au préfet. Il est refusé aux habitants, aux contribuables et aux sous-préfets. Nul recours n'est ouvert contre une inscription.

Le refus de l'inscription par la commission départementale sera notifié par l'intermédiaire du préfet, par la voie administrative. Le délai n'est pas fixé pour le recours et la commission centrale devra le fixer, mais en fait il sera prudent, d'après la circulaire ministérielle, de le faire dans les vingt jours, par analogie avec l'article 11. — Les décisions de la commission départementale relatives au taux de l'allocation mensuelle sont susceptibles de recours.

31. *Vieillards sans domicile de secours.* — Pour les vieillards indigents, pour les infirmes ou les incurables qui n'ont aucun domicile de secours, le ministre de l'intérieur en déclare l'admission sur l'avis de la commission instituée. Le préfet doit renseigner le ministre sur le taux fixé par la commune de la résidence pour l'allocation de secours à domicile et le prix de la journée d'hospitalisation.

32. *Commission centrale.* — Une commission centrale composée de quinze membres du conseil supérieur de l'assistance publique élus par leurs collègues, et de deux membres du conseil supérieur de la mutualité également élus par leurs collègues, statue définitivement sur les recours formés en vertu des articles 11, 14 et 15, et donne son avis sur l'admission à l'assistance de l'Etat.

33. *Retrait du secours.* — L'assistance, si elle est obligatoire, doit cesser dès que le besoin a cessé, par exemple si on découvre que l'assisté a des ressources dissimulées, s'il lui survient une succession, s'il est emprisonné ou mis dans un asile d'aliénés. La Chambre voulait que l'assistance *pût*, dans ces différents cas, être retirée ; le Sénat en a fait une obligation.

Le retrait du secours peut ne pas être total, il peut être partiel. — La survenance de quelques modiques ressources peut amener la réduction du chiffre de l'allocation mensuelle : un incurable, soigné à l'hospice, par suite d'une amélioration de sa situation, devra recevoir l'assistance à domicile.

A l'inverse, si l'état de l'assisté se modifie, il pourra recevoir une augmentation de l'allocation mensuelle, ou même pourra être hospitalisé par application de l'article 7.

Le retrait total ou partiel est prononcé par le Conseil municipal si l'assisté a le domicile de secours communal, ou par la commission départementale s'il a un domicile de secours départemental.

Toute partie intéressée peut demander le retrait, même les habitants et les contribuables.

Les recours ouverts contre les retraites et la fixation du chiffre de l'allocation mensuelle le sont aussi contre les décisions de retrait, soit du Conseil municipal à la commission cantonale (art. 9 et 10), soit de la commission cantonale à la commission centrale, soit de la commission départementale à la commission centrale, et ils doivent être faits dans les mêmes délais et les mêmes formes. Il résulte de la discussion que l'effet de la décision du retrait sera suspendu et que le doute subsistant jusqu'à expiration complète des délais profitera à l'assisté. Dans le cas où l'assisté aurait reçu des avances pendant cette période, il pourrait y avoir lieu à répétition, comme le dit l'article 5 de la loi.

III. — Modes d'assistance

34. *Mode de secours.* — La règle est l'assistance à domicile pour les vieillards, infirmes et incurables ayant le domicile de secours communal ou départemental. Ce mode de secours paraît plus humain, plus moral et surtout plus économique. Seuls les assistés sans domicile de secours ne sont pas soumis à cette règle.

Dans la discussion (Chambre des députés, 4 juin 1903), il a été entendu par domicile, aussi bien celui des assistés que celui de parents, amis, qui consentiraient à soigner le vieillard ou l'infirme, mais une personne secourue dans un asile privé ne peut être considérée comme assistée à domicile.

Si la personne ne peut être secourue à domicile, on peut alors :

1° *Ou la placer dans l'hospice public le plus proche*, en tenant compte, autant que possible, des convenances et des désirs des assistés (Sénat, 6 juin 1905), et en ne l'éloignant pas de ses dernières relations ;

2° *Ou la faire entrer dans un établissement privé.* — Le Conseil général peut désigner les établissements qui, *en cas d'insuffisance* des hospices, recevront des vieillards, des infirmes, des incurables, mais il résulte de la discussion que la préférence doit être accordée aux établissements publics ;

3° *Ou la confier à des particuliers.* — Ce n'est que la généralisation de ce que certains départements faisaient déjà pour l'assistance facultative aux vieillards, aux infirmes et aux incurables. Dans ce cas, le particulier est choisi par l'administration et le prix de la pension est payé à la personne qui se charge du vieillard, de l'infirme ou de l'incurable. Le Conseil général fixe les conditions générales du placement des assistés dans les familles étrangères ;

4° *Ou la mettre dans un établissement public ou privé pour le logis seulement*, en donnant une autre forme d'assistance pour le reste. Le système fut adopté par la Chambre sur un amendement de M. Emile Dubois (séance du 4 juin 1903). En ce cas, on devra donner une allocation mensuelle de laquelle devra être défalqué, sur la recommandation expresse du ministre, le montant approximatif de la valeur du logis pour qu'il n'y ait pas d'exagération.

Dans tous les cas où on s'écartera de la règle des secours à domicile (hospitalisation dans un établissement public ou privé ou chez des particuliers), il y aura lieu de s'assurer du consentement de l'assisté pour ceux qui ont le domicile de secours départemental ou communal.

35. *Modification du mode de secours.* — Le mode d'assistance appliqué à chaque cas individuel n'a aucun caractère définitif. Le texte adopté par la Chambre, le 4 juin 1903, sur la présentation d'un amendement de M. Dubois, veut dire que tel vieillard, infirme ou incurable, d'abord hospitalisé, pourra ensuite être assisté à domicile ou *vice versa*.

La modification sera décidée par l'autorité chargée de statuer sur la demande de l'administration municipale ou commission départementale.

36. *Allocation mensuelle.* — L'allocation mensuelle est la somme nécessaire théoriquement pour assurer, dans une commune déterminée, pendant un mois, l'existence d'une personne dénuée de toutes ressources. Cette somme doit être égale pour tous les assistés d'une même commune, il ne peut y avoir de catégories ni de distinctions.

Le taux mensuel de l'allocation sera applicable aux assistés ayant le domicile de secours dans la commune, mais aussi pour ceux ayant le domicile de secours départemental ou assistés par l'État résidant dans la commune (Ch. des députés, 8 juin 1903).

37. *Taux de l'allocation.* — Le taux de l'allocation doit être arrêté d'abord par le Conseil municipal. Cette délibération du Conseil municipal doit être approuvée par le Conseil général et le ministre de l'intérieur, et le Conseil général devra veiller à ce qu'il n'y ait pas de différences trop grandes entre communes voisines (Ch. des députés, 4 juin 1903).

L'allocation devra être supérieure à 5 fr. et ne devra pas dépasser 20 fr. Le Conseil municipal devra tenir compte des frais approximatifs d'alimentation, de vêtements, de logement, de chauffage dans la localité; mais il ne devra pas tenir compte des frais de médecin et de pharmacien, qui seront assurés en tout cas au vieillard, à l'infirme ou à l'incurable, en vertu de la loi du 15 juillet 1893. (Voir, *supra*, le renvoi du n° 1.)

Si, dans les grandes villes ou en raison de circonstances exceptionnelles, le Conseil municipal estime nécessaire d'adopter un taux supérieur à vingt francs, et que le Conseil général partage cet avis, une décision ministérielle devra être prise. Ce taux ne devra pas excéder trente francs; en cas de chiffre supérieur, l'excédent resterait seul à la charge de la commune.

Si un Conseil municipal refusait de fixer le chiffre de l'allocation ou fixait un chiffre insuffisant, le préfet, après avis du Conseil général, fixerait l'allocation qui serait approuvée par le ministre. La durée de l'allocation mensuelle non fixée par la loi serait de quatre ans ou de cinq ans d'après la circulaire ministérielle. Toute modification dans le tarif de la pension doit être approuvée par le Conseil général et par le ministre.

38. *Déductions.* — Si la personne admise à l'assistance a certaines ressources, il y a lieu de les défalquer de l'allocation.

Il ne sera pas défalqué le produit de son travail. La Chambre l'avait admis, mais le Sénat a refusé d'admettre cette déduction, qui aurait pu être immorale. M. Strauss, rapporteur au Sénat, dit : « On ne fera pas pour le septuagénaire le décompte du petit lopin de terre qu'il aura cultivé ou de l'aide domestique qu'il aura prêtée à son fermier ou à un propriétaire du voisinage. » On ne saurait non plus faire entrer en ligne de compte la valeur du mobilier qu'il peut avoir.

C'est l'autorité chargée de fixer l'allocation mensuelle qui devra prouver l'existence et la quotité des ressources qui pourraient amener un abaissement de l'allocation.

Il a été admis par le législateur que les ressources provenant de l'épargne, soit comme membre de société de secours mutuels ou de société coopérative et les versements à la caisse d'épargne ou les acquisitions et rentes ne pourront être défalquées, mais auront un traitement de faveur. Les municipalités et les commissions cantonales font cette défalcation et la commission se prononce sur les contestations.

Si les ressources annuelles provenant de l'épargne n'excèdent pas 60 fr., l'assisté sera considéré comme n'ayant aucune ressource. Dans le cas spécial où l'assisté aura élevé trois enfants âgés de seize ans, il pourra même avoir droit à 120 fr. qui ne seront l'objet d'aucune réduction. Le père et la mère ont droit au bénéfice de cette disposition. On prétend même, dans la circulaire ministérielle aux préfets, que cette disposition pourra s'étendre aux ascendants, ce qui nous paraît plus contestable. Si les ressources personnelles dépassent 60 fr. ou 120 fr., on tient compte des ressources provenant de l'épargne, mais l'excédent n'entre en décompte que jusqu'à concurrence de moitié. La loi stipule en tout cas que le total de l'allocation, additionné avec les ressources provenant de l'épargne, ne peut dépasser par an 480 fr.

Supposons, par exemple, une commune qui aura fixé l'allocation mensuelle à 20 fr., soit 240 fr. par an : si, dans cette commune, un vieillard assisté déjà mutualiste a une pension de 200 fr., l'assistance lui donnera 240 fr., moins la moitié du montant de sa pension, déduction faite de 60 fr. s'il n'a pas trois enfants âgés de plus de seize ans, ou déduction faite de 120 fr. s'il a trois enfants âgés de plus de seize ans, soit dans un cas : $\frac{200-60}{2} = 70$, et dans l'autre cas $\frac{200-120}{2} = 40$. Il recevra donc dans un cas $240 - 70 = 170$ fr., et dans le second cas $240 - 40 = 200$ fr., soit une allocation mensuelle dans un cas de $\frac{170}{12}$, et dans l'autre de $\frac{200}{12}$.

Prenons une autre hypothèse où il y a lieu à réduction parce que le chiffre total dépasserait 480 fr. Dans une commune où le taux général de l'allocation est de 30 fr., soit 360 fr., par an, un vieillard a une pension de 350 fr.; il ne peut avoir $360 + 350 = 710$ fr., ce serait trop. Il y a lieu de défalquer même dans le cas où il aurait élevé trois enfants de plus de seize ans : $\frac{350 - 120}{2} = 115$. Comme la retraite est de 350 et le secours de 360 — 115 = 245, il toucherait encore 360 + 245. Or la loi stipule que le chiffre maximum doit être de 480 fr. On diminue donc le secours dans la proportion soit de 125 fr. qu'il faut défalquer de 360 fr. ; l'allocation mensuelle sera alors dans l'espèce de $\frac{360 - 125}{12} = 19$ fr. 50. Les ressources provenant de la bienfaisance privée entrent dans les mêmes conditions en décompte jusqu'à concurrence de moitié avec le même maximum de 480 fr. par an. Le Sénat avait voulu déduire les sommes, quelles qu'elles fussent, provenant de la charité privée, qui sont souvent temporaires et aléatoires. Dans la séance du 7 juillet 1905, il a été décidé par la haute Assemblée qu'on ne ferait entrer en ligne de compte que les sommes fixes et permanentes. Il faut entendre par là les sommes à échéance déterminée et les sommes non variables, par exemple les pensions faites par les maîtres à leurs domestiques ou par les industriels à leurs ouvriers.

Quand on opère une déduction sur le montant général de l'allocation, il faudra joindre des justifications à la liste des secours dressée conformément à l'article 7.

39. *Point de départ de l'allocation.* — Les arrérages courent du jour où le titre est constitué, c'est-à-dire du jour où aura été prise la délibération prononçant l'admission à l'assistance.

40. *Mode de paiement.* — Le bureau d'assistance peut décider suivant les espèces : 1° si l'allocation doit être payée en une fois ou par fractions ; 2° si l'allocation sera donnée en nature pour tout ou partie.

En principe, l'allocation doit être touchée intégralement en numéraire, et sauf décision contraire, l'allocation doit être ainsi payée.

Le bureau d'assistance a même la faculté, pour que l'argent ne soit pas dissipé, de payer en nature, en secours de loyer, de vêtements, de nourriture. M. Strauss, dans son rapport, a préconisé ce mode de distribution qui peut, dans certains cas, permettre à l'assisté de se procurer à meilleur compte des objets indispensables. Le ministre recommande, dans sa circulaire aux préfets, de ne faire usage de ces dispositions qu'avec modération.

La loi ne parle pas de recours contre des décisions de ce genre, mais d'après le ministre, le préfet devrait refuser d'approuver les décisions qui lui paraîtraient exagérées. L'allocation est incessible et insaisissable, ce qui va sans dire, puisqu'il s'agit d'objets alimentaires.

Elle est payée à l'intéressé ou, à son défaut, à un tiers désigné par lui et agréé par le maire, et, en cas de paiement en nature, au receveur du bureau d'assistance. L'allocation est personnelle, et si, dans un ménage, les deux époux désirent des secours, ils doivent recevoir chacun une allocation mensuelle sans aucune restriction.

41. *Hospitalisation.* — Si la commune a un hospice, il est entendu que les vieillards résidents pourront y être envoyés autant que les circonstances le permettront. Les indigents ayant le domicile de secours dans la commune de l'hospice ont un droit de priorité sur ceux qui appartiennent à d'autres communes. Les hospices doivent les recevoir gratuitement si les ressources sont suffisantes, sinon la commune devra payer un prix de journée. Si la commune n'a pas d'hospice, ou si les ressources matérielles d'installation de l'hospice sont inférieures aux biens, les assistés seront placés par la municipalité dans un hospice ou hôpital-hospice public, ou dans un établissement privé compris sur la liste arrêtée par le Conseil général. Le Conseil municipal est libre et maître du choix, et il n'y a pas lieu de tenir compte des circonscriptions territoriales.

Il a été entendu par le rapporteur, sur l'intervention de M. Auffray (séance du 11 juin 1903), que, quand il y a lieu à hospitalisation, les familles pourront toujours être entendues pour faire leurs observations, et devront l'être si elles contribuent aux frais de l'hospitalisation. Le choix de l'hospice n'a rien de définitif, et l'assisté pourra être changé sur sa demande ou pour tout autre besoin.

Quand il y aura lieu à hospitalisation, le maire devra s'adresser au préfet, qui doit avoir une liste des vacances dans les établissements publics et privés, et on ne devra envoyer un assisté dans un établissement que quand on se sera assuré qu'il peut être reçu dans l'établissement, pour éviter des déplacements inutiles.

Le Conseil municipal n'a pas à intervenir pour le placement de vieillards ayant le domicile de secours départemental ou sans domicile de secours ; dans ce cas, le préfet et le ministre sont seuls appelés à statuer.

Les hôpitaux-hospices sont tenus de recevoir et d'entretenir les assistés de la loi du 14 juillet 1905 qui leur sont adressés en exécution de la présente loi. Il n'est pas nécessaire d'obtenir l'agrément des administrations hospitalières pour classer les hospices et hôpitaux-hospices sur la liste dressée par le Conseil général.

Le préfet devra faire des propositions au Conseil général en vue du classement des hospices et hôpitaux-hospices et éliminer, suivant le désir du ministre, tous les hospices ou hôpitaux-hospices qui recueillent des enfants, à moins qu'il n'y ait séparation absolue entre les vieillards et les enfants.

Le Conseil général désigne les établissements tenus de recevoir les vieillards, les infirmes et les incurables qui ne peuvent être assistés à domicile, mais le préfet seul doit fixer le nombre de lits affectés au service dans chacun des établissements, sur l'avis du Conseil général, s'il le juge bon. Le préfet devra au préalable prendre l'avis des commissions administratives. Il sera établi un état des lits qui comprendra :

1° Une liste des lits réservés par suite de fondations spéciales ou de conventions particulières, par exemple par suite de contrats passés avec un patron pour l'entretien d'un ancien employé, ouvrier ou domestique, ou qui sont réservés à des catégories spéciales (enfants assistés, aliénés).

2° Une liste des lits pouvant servir à l'application de la loi du 14 juillet 1905. Si l'accord ne s'établissait pas sur l'état des lits entre le préfet et la commission administrative, le préfet pourrait prendre, de sa seule autorité, une décision, mais la commission administrative pourrait attaquer devant le Conseil d'État la décision du préfet.

42. *Prix de journée.* — Le prix de journée est fixé par le préfet et non par le Conseil général, comme l'avait proposé un amendement (Ch. des députés, 11 juin 1903). Suivant le ministre, le préfet doit être l'arbitre entre les exigences des commissions administratives et les intérêts des contribuables. Le Conseil général doit au préalable donner son avis au préfet, mais l'avis du Conseil général ne doit pas lier le préfet, qui est toujours libre de modifier les chiffres.

Le prix devra être fixé pour chaque hôpital ou hospice-hôpital d'après la situation particulière de chacun d'eux, et on ne peut attribuer un prix de journée inférieur à la moyenne du prix de revient constaté pendant les cinq dernières années.

La moyenne du prix de revient constaté pendant les cinq dernières années devra être fixée en tenant compte des dépenses afférentes à la gestion des nouveaux services annexes aux secours à domicile, aux graves réparations et travaux d'amélioration.

Le prix de revient de la journée sera obtenu en retranchant du total des dépenses effectuées au cours des cinq dernières années envisagées le nombre porté de ces diverses dépenses, et en divisant le résultat obtenu par le nombre de journées d'hospitalisés pendant les cinq dernières années.

Une fixation de prix qui ne tiendrait pas compte de tous les éléments pourrait être annulée et, notamment des frais du personnel ou d'entretien (arrêt du Conseil d'Etat, 18 juin 1901. *Revue des établissements de bienfaisance*, 1902, p. 6). Le Conseil d'Etat a décidé également qu'il doit être fixé un prix de journée unique pour toutes les catégories de malades soignés dans l'hôpital (arrêt 28 juin 1901. *Revue des établissements de bienfaisance*, 1902, p. 6). Il serait à désirer que dans les hôpitaux-hospices il y ait une comptabilité différente pour les malades et les autres assistés.

Si la fixation faite par le préfet est contestée, la commission administrative pourra se pourvoir devant le conseil de préfecture et en appel devant le Conseil d'Etat.

43. *Revision du prix.* — La revision du prix de la journée ne pourra être faite que tous les cinq ans. S'il n'y a pas de revision, le prix sera le même par tacite reconduction. Le préfet devra envoyer la fixation des prix de journée telle qu'il les a arrêtés avec l'avis de Conseil général.

L'hospice, pour avoir le paiement, doit s'adresser à la préfecture du département sur lequel il est situé, et le service départemental exercera tel recours vis-à-vis des collectivités du domicile de secours ou des personnes énumérées à l'article 5. L'hospice a toujours droit au prix de la journée intégrale, quelle que soit la situation personnelle de l'hospitalisé.

44. *Réduction au point de vue de la journée d'hospitalisation.* — Mais si l'assisté a des ressources personnelles qui comporteraient des déductions en cas d'assistance à domicile, il y a lieu d'en tenir compte pour décharger d'autant les collectivités débitrices.

Si un hospitalisé bénéficie d'une pension de 400 fr. et qu'il ait une certaine somme, soixante ou quatre-vingts francs, devant être placée en dehors du calcul de l'assistance, qu'au contraire une somme de 150 fr. doive être défalquée de l'allocation aux termes de l'article 20, la commune du domicile de secours, dans ce cas, n'aura à payer que (400 — 150) = 250 fr. Si la commune ne reçoit aucune subvention, elle profitera en totalité de cette diminution. Si, au contraire, elle en reçoit, le département et l'Etat doivent bénéficier de la déduction dans la proportion de leur concours. Dans le cas ou la commune bénéficierait de l'article 27 et du barème A et que la commune ait droit à une subvention de 90 %, le département aurait droit à une subvention de 95 %, on appliquera ces proportions à la somme déduite, en sorte que la part de la commune sera de $400 - 150 \times \frac{16}{100}$ soit de 40 fr. et la part de l'Etat sera de $400 - 150 \times \frac{90}{100} \times \frac{95}{100} = 213$ fr. 75. Le département encaissera en outre 150 fr. qui proviennent de l'assisté, 40 de la commune et 213 fr. 75 de l'Etat, et paiera 146 fr. 25.

Le service départemental devra assurer la rentrée des ressources qui seront déduites de la charge revenant au département, à la commune et à l'Etat.

Quant à la somme placée en dehors du calcul de l'assistance (80 fr. dans l'espèce), elle doit revenir à l'assuré et en aucun cas à l'hospice ; il pourra, avec cette somme, améliorer son ordinaire.

45. *Travail des hospitalisés.* — Dans le cas où l'hospitalisé pourrait se livrer à un petit travail, le tiers du produit de ce travail doit lui être réservé, suivant les principes de la loi du 16 messidor an VII. Les deux autres tiers profiteront à l'hospice.

Autant que possible, les travaux devront être proportionnés à l'âge des hospitalisés, et aux facultés constatées par le médecin ; enfin la durée du travail ne sera pas exagérée.

46. *Placement dans un asile privé.* — Lorsque les hôpitaux et les hospices publics sont insuffisants, on peut confier à des asiles privés les vieillards, les infirmes et les incurables. Le Conseil municipal doit délibérer à ce sujet s'il s'agit d'assistés ayant le domicile de secours communal ; ou le préfet doit prendre une décision s'il s'agit d'assistés ayant le domicile de secours départemental. Le Conseil municipal devra, au préalable, s'adresser au préfet pour voir s'il n'y a pas de disponibilités dans les établissements publics.

Les traités communaux passés à cet effet doivent être visés par le préfet ; le Conseil général doit désigner les établissements privés qui suppléent à l'insuffisance des établissements publics.

Le Conseil municipal ne peut s'adresser qu'à des établissements nommés sur la liste du Conseil général.

Les établissements privés ne sont pas tenus, comme les établissements publics, d'admettre les bénéficiaires de la loi. Les établissements privés qui désireront recevoir des vieillards devront envoyer une demande au préfet, qui l'examinera avant de la soumettre au Conseil général.

Le préfet, en même temps que la demande d'admission, soumettra au Conseil général un traité général pour l'entretien des hospitalisés. En ce cas, le directeur de l'établissement privé doit avoir capacité pour traiter ; l'établissement doit se soumettre à une surveillance, et le prix de journée ne doit pas être supérieur à celui des établissements publics.

La surveillance doit porter sur l'exécution du traité pour l'entretien des assistés exclusivement (Chambre des députés, 11 juin 1903. Sénat, 7 juillet 1905), et non sur la tenue et la gestion de l'établissement.

Les communes pourront passer des traités particuliers avec des établissements particuliers, à condition de se soumettre aux clauses approuvées par le Conseil général. Les assistés qui ne peuvent être secourus utilement à domicile peuvent être placés chez des particuliers qui, moyennant un prix convenu, se chargent de l'entretien du vieillard. Le Conseil général fixe les conditions générales du placement chez des étrangers.

En ce cas, il est nécessaire que l'assisté ait un certificat individuel attestant qu'il n'a aucunes maladies contagieuses ou aucuns antécédents susceptibles de corrompre la santé ou la moralité des particuliers qui veulent le recevoir. D'après le ministre, le prix de la journée ne devra jamais dépasser le prix de l'hospice le plus voisin.

Le Conseil municipal n'a pas à désigner la famille étrangère dans laquelle sera placé l'assisté ayant le domicile de secours communal. Le service étant départemental, le placement pourra s'effectuer en dehors de la commune, et le préfet passera le traité.

47. *Dispense de timbres.* — Les traités passés avec les établissements privés et les particuliers sont dispensés du timbre et enregistrés gratis.

48. *Admission des vieillards sans domicile de secours.* — Pour les vieillards, infirmes et incurables sans domicile de secours, l'hospitalisation est la règle. On n'admettra qu'exceptionnellement le placement à domicile. Cette disposition a été votée en vue d'empêcher les abus de demandes de secours.

Sur une requête d'admission à l'assistance formée par un vieillard, un infirme ou un incurable dépourvu de domicile de secours, le préfet proposera au ministre l'établissement public ou, à son défaut, l'établissement privé qui pourra le recevoir.

Il joindra au dossier une copie du traité passé avec l'établissement privé, et un état de la liste des établissements publics avec le prix des journées. Si le préfet estime qu'exceptionnellement il y a lieu d'admettre le vieillard à l'assistance à domicile, il en dira les raisons dans son rapport. L'Etat, dans ce cas, paiera une allocation mensuelle conformément à l'article 20 et calculée de la même manière, avec les déductions énumérées dans cet article. Il y aurait lieu de joindre dans ce cas au rapport :

1° Un extrait de la délibération fixant le montant théorique de l'allocation mensuelle ;

2° Un état des ressources de l'impétrant avec leur nature et leur origine ;

3° Un certificat qu'il aurait élevé trois enfants, s'il y a lieu d'en joindre un.

49. *Frais accessoires.* — Les frais accessoires de médecin pour délivrance de certificats médicaux, de transport, sont payés par la commune, le département ou l'Etat, suivant que l'assisté a ou n'a pas un domicile de secours communal ou départemental. Mais les communes et les départements pourront, pour ces dépenses, demander les subventions auxquelles ils ont droit, aux termes des articles 17 et 18 de la loi.

Les frais de visite occasionnés par la délivrance de certificats médicaux ne sont à la charge des départements et des communes qu'autant que le bureau d'assistance, le Conseil municipal, la commission départementale ou la commission centrale les a demandés. Si le requérant a cru devoir en demander un de son propre gré, il devra en supporter les frais.

La loi ne parle que des infirmes ou des incurables, mais il paraît certain que si une commission demandait la production d'un certificat à un vieillard, il devrait lui être attribué sans frais.

Il serait préférable, pour la question d'invalidité des infirmes, pour éviter des conflits, de s'adresser aux médecins de l'assistance médicale gratuite. Les frais de transport sont ceux motivés par l'envoi d'un assisté dans un hospice public ou privé, ou dans une famille, ou par son retour dans la commune où il a son domicile de secours.

Si les assistés n'ont pas leur domicile de secours dans la commune où ils résident, la commune fait l'avance des frais de certificats et de transport, sauf à se faire rembourser par la commune ou le département à qui incombe l'assistance, ou par l'Etat.

IV. — Voies et moyens

50. *Dépenses obligatoires.* — Les communes doivent inscrire les dépenses nécessaires pour le fonctionnement de cette loi parmi les dépenses obligatoires, et par application des articles 136 et 149 de la loi municipale du 5 avril 1884, l'autorité supérieure a le droit d'inscrire d'office les crédits nécessaires au cas où une commune méconnaîtrait son devoir d'assistance ou négligerait de prendre les mesures indispensables pour en assurer l'exécution. Sur une question de M. Riou (séance du 6 juillet 1905), il n'est pas douteux que l'autorité supérieure aurait le devoir d'inscrire les crédits au budget communal.

A l'aide de quelles ressources les communes feront-elles face à cette dépense ? Elles pourront se servir des fondations ou des libéralités faites en vue de l'assistance aux vieillards, aux infirmes et aux incurables, soit que les dons ou legs grevés de cette condition aient été ou non consentis aux commissions, ou que, adressés aux pauvres, ils aient été accueillis par le maire agissant au nom des indigents. Les revenus des biens acquis par les bureaux de bienfaisance, les hospices et les hôpitaux-hospices, provenant de fondations ou libéralités ayant pour but l'assistance à domicile des vieillards, des infirmes et des incurables, y seront ajoutés. Ne devront pas être comprises les fondations ou les libéralités qui sont conditionnelles et dont les conditions ne pourraient pas permettre cette assimilation. En cas de contestation à ce sujet, la circulaire ministérielle aux préfets estime que l'autorité judiciaire serait compétente pour interpréter les conditions.

En outre, le bureau de bienfaisance et l'hospice peuvent voter des allocations volontaires au service.

Quand les hospices, s'autorisant des lois du 7 août 1851 et du 21 mai 1893, assistent déjà à domicile les vieillards et les infirmes, ces soins viennent en déduction de la charge communale.

51. *Subvention de l'Etat aux communes.* — La Chambre avait voté que les bureaux de bienfaisance contribueraient à la dépense pour une part qui ne serait pas inférieure au quart de leurs ressources non grevées d'affectations spéciales; le Sénat n'a pas voulu accepter cette disposition, pensant que beaucoup de bureaux de bienfaisance insuffisamment dotés auraient grand'peine à supporter les charges subsistantes, et que d'autres pourraient donner plus du quart de leurs ressources. La commune pourra aussi disposer des ressources ordinaires. Comme pour la loi sur l'assistance médicale gratuite, les communes riches doivent venir en aide aux communes pauvres par la voie des subventions départementales. Les départements riches viennent en aide aux départements pauvres au moyen des subventions d'Etat. Les communes sont allégées suivant le rapport existant entre la valeur brute du centime communal et la population, la loi a voulu créer le centime *démographique* en matière d'assistance. Les Chambres ont pensé qu'il y avait lieu de tenir compte du facteur population, parce que plus le nombre des habitants est grand, plus, à égalité de centime, le nombre des personnes à assister s'accroîtra.

Sur une question posée dans la séance du 16 juin 1905, il a été entendu que par population il fallait entendre la population municipale. Outre la subvention du département, le Parlement a attribué une subvention directe et complémentaire de l'Etat aux communes qui, par raison de circonstances climatériques, économiques ou sociales, dépasseraient la moyenne, en ce sens que le rapport des assistés au chiffre de la population y excéderait la proportion normale évaluée à 10 pour 1,000 ou 1 pour 100. Pour que le barème s'applique, il n'est pas nécessaire que la commune ait plus de mille habitants.

Soit une commune qui a 600 habitants et qui compte 9 assistés, c'est-à-dire 3 en surnombre, il y aura donc 3 assistés pour lesquels l'Etat devra une subvention directe et complémentaire. Pour calculer celle-ci, on voit que 3 assistés en surnombre équivalent à $\frac{3 \times 1,000}{600}$, c'est-à-dire à 5 pour 1,000. La subvention complémentaire de l'Etat sera donc, d'après le tableau C, de 14 pour 100 de la dépense résultant pour la commune de ces 3 assistés. Voici, du reste, le barème servant à déterminer la subvention directe et complémentaire de l'Etat aux communes dans les conditions prévues au 4° de l'article 27. Lorsque, dans une commune, le nombre des assistés dépassera dix par mille habitants, l'Etat allouera pour cette dépense supplémentaire à cette commune une subvention directe par assisté en surnombre, sans que la charge communale puisse descendre au-dessous de dix pour cent de la dépense totale :

Pour un assisté par mille au-dessus de 10 pour 1,000 : 10 °/₀ de la dépense communale complémentaire ;

Pour deux assistés par mille au-dessus de 10 pour 1,000 : 11 °/₀ de la dépense communale complémentaire ;

Pour trois assistés par mille au-dessus de 10 pour 1,000 : 12 °/₀ de la dépense communale complémentaire ;

Pour quatre assistés par mille au-dessus de 10 pour 1,000 : 13 °/₀ de la dépense communale complémentaire ;

Pour cinq assistés par mille au-dessus de 10 pour 1,000 : 14 °/₀ de la dépense communale complémentaire ;

Pour six assistés par mille au-dessus de 10 pour 1,000 : 15 °/₀ de la dépense communale complémentaire ;

Pour sept assistés par mille au-dessus de 10 pour 1,000 : 16 °/₀ de la dépense communale complémentaire ;

Pour huit assistés par mille au dessus de 10 pour 1,000 : 17 °/₀ de la dépense communale complémentaire ;

Pour neuf assistés par mille au-dessus de 10 pour 1,000 : 17 °/₀ de la dépense communale complémentaire ;

Pour dix assistés par mille au-dessus de 10 pour 1,000 : 17 °/₀ de la dépense communale complémentaire ;

Au-dessus de dix assistés par mille au-dessus de 10 pour 1,000 : 20 °/₀ de la dépense communale complémentaire.

Une autre question. Comment se calculera la subvention du barème C au cas où le total des hospitalisés et des secours à domicile dépassera 10 pour 1,000 de la population ? La subvention complémentaire de l'Etat sera-t-elle calculée d'après le taux de l'allocation aux assistés à domicile ou bien suivant le prix de journée des hospitalisés ou d'après la moyenne de ces deux taux ? Il faut défalquer les assistés, hospitalisés gratuitement par les hospices, mais si le total des assistés dépasse encore 10 pour 1,000, la subvention de l'Etat devra se calculer, d'après la circulaire ministérielle, en faisant une proportion des deux catégories.

Supposons, dit la même circulaire, une commune de 100,000 habitants, dont la proportion normale d'assistés devrait être de 1,000 vieillards, infirmes et incurables, et qui en admet 1,900 à l'assistance, dont 300 hospitalisés et 1,600 secourus à domicile, et supposons que sur les 300 hospitalisés 100 soient secourus au moyen des ressources propres des hospices, il n'y aura plus que 1,700 assistés au point de vue du barème C ; il y a donc 7 assistés par 1,000 en surnombre et, d'après le tableau C, l'Etat devra une subvention de 16 °/₀ de la réforme communale complémentaire. Cette dépense communale complémentaire sera celle qui correspondra aux chiffres ainsi fixés $\frac{100 \times 700}{1,700}$ et pour l'assistance à domicile $\frac{1,600 \times 700}{1,700}$. Il faudra, en un mot, répartir 700 (nombre d'assistés dépassant la proportion de 10 pour 1,000) proportionnellement entre 1,600 (nombre des secourus à domicile) et 100, nombre des hospitalisés à titre onéreux ; on trouvera $\frac{1,600 \times 700}{1,700}$, ou 659, et $\frac{100 \times 700}{1,700} = 41$.

La dépense communale complémentaire se composera de 659 secours à domicile et de 41 hospitalisations, et soit x le prix de la valeur moyenne des secours à domicile, et y le prix de l'hospitalisation, la dépense complémentaire sera donc de 659 $x \times$ 419, dont les 16 °/₀ seront alloués par l'Etat à la commune, en vertu du barème C, à titre de subvention directe. Du reste, il faut consulter le tableau A, comprenant un barème servant à déterminer la part des dépenses d'assistance obligatoire aux vieillards, infirmes et incurables à consacrer par les communes, dans les conditions prévues par le paragraphe 4 de l'article 27, pour savoir la part exacte des dépenses afférente à une commune.

TABLEAU A

Article 27. — *Barème servant à déterminer la part des dépenses d'assistance obligatoire aux vieillards, infirmes et incurables, à couvrir par les communes, dans les conditions prévues au 4° de l'article 27.*

VALEUR DU CENTIME communal rapporté à la population	PORTION de la dépense à couvrir par les communes au moyen des ressources provenant de l'impôt (art. 27, 4°)	PORTION de la dépense à couvrir par les départements au moyen de leurs propres ressources et des subventions de l'Etat conformément au tableau B
	p. 100	p. 100
Au-dessous de 0 06. . . .	10	90
De 0 061 à 0 08	15	85
De 0 081 à 0 10	20	80
De 0 101 à 0 12	25	75
De 0 121 à 0 14	30	70
De 0 141 à 0 16	40	60
De 0 161 à 0 18	50	50
De 0 181 à 0 20	60	40
Au-dessus de 0 20	70	30

52. *Dépenses départementales obligatoires.* — Sont déclarées obligatoires et pourront être inscrites d'office au budget départemental, dans les termes prévus par l'article 60 de la loi du 10 août 1871, les dépenses occasionnées par l'assistance aux vieillards, aux infirmes et aux incurables :

1° Les dépenses mises à la charge du département par les articles 2 et 26 de la présente loi, c'est-à-dire les frais de secours à domicile ou de l'hospitalisation, et les frais de visite occasionnés par la délivrance des certificats médicaux et les frais de transport des assistés quand il s'agira de personnes ayant le domicile de secours départemental.

2° La subvention à allouer aux communes par application du barème A de l'article 27.

3° Les frais d'administration départementale du service. La Chambre avait dit dans la loi : dépenses d'imprimés et du personnel ; le Sénat a préféré l'expression de frais d'administration départementale du service.

53. *Frais d'administration.* — Il en résulte que chaque collectivité (commune, département, Etat) doit supporter les dépenses afférentes à la part d'administration qu'elle a dans le service.

54. *Frais d'inspection et de surveillance.* — Les frais d'administration départementale doivent être restreints au nécessaire, mais ils peuvent comprendre, d'après le ministre, les frais d'inspection et de surveillance. Le Conseil général devra voter les crédits nécessaires à cet effet, et le préfet devra en référer au ministre. L'inspection est surtout nécessaire quand il s'agit d'asiles privés.

Le département peut faire ces dépenses à l'aide de ressources spéciales et des ressources ordinaires disponibles ; mais il faudra recourir à de nouvelles impositions, c'est-à-dire à des taxes ou à des centimes additionnels.

55. *Subvention de l'Etat aux départements.* — Les départements pauvres seront soulagés par l'État, qui allouera un subside de 50 à 95 %, suivant le rapport établi entre le centime et le chiffre de la population, qui s'obtient en divisant le produit du centime départemental par la centième partie du nombre total des habitants.

TABLEAU B

VALEUR DU CENTIME départemental rapporté à la population (par 100 habitants)	PORTION de la dépense à couvrir par les départements au moyen de ressources provenant des revenus ordinaires ou de l'impôt (art. 28, 2°)	PORTION de la dépense à couvrir par l'État
	p. 100	p. 100
De 5 fr. et au-dessous . .	5	95
De 5 01 à 6 fr.	8	92
De 6 01 à 7 fr.	11	89
De 7 01 à 8 fr.	14	86
De 8 01 à 9 fr.	17	83
De 9 01 à 10 fr.	20	80
De 10 01 à 11 fr.	25	75
De 11 01 à 12 fr.	30	70
De 12 01 à 15 fr.	35	65
De 15 01 à 18 fr.	40	60
Au-dessus de 18 fr. . . .	50	50

56. *Charges incombant à l'Etat.* — L'Etat, en dehors des subventions qu'il fait allouer aux départements (barème B) ou aux communes (barème C), est chargé : 1° des frais d'assistance aux vieillards, infirmes et incurables sans domicile de secours ; 2° des frais d'administration et de contrôle occasionnés par l'exécution de la présente loi.

57. *Contribution obligatoire des bureaux de bienfaisance ou des hospices.* — Il est bien entendu que les bureaux de bienfaisance, les hospices et les hôpitaux-hospices possédant, en vertu des fondations ou des libéralités, des biens dont le revenu a été spécialement affecté à l'assistance des vieillards, des infirmes et des incurables, seront tenus de contribuer à l'exécution de la loi, selon les conditions de la donation jusqu'à concurrence du revenu.

Nous avons déjà parlé de cette question plus haut.

Les hospices peuvent avoir été appelés à recueillir des libéralités faites en vue de l'assistance aux vieillards, aux infirmes et aux incurables (lois 7 août 1851, art. 17, et 21 mai 1873, art. 7). Ces libéralités devront être remises aux communes. Il peut arriver aussi que des bureaux de bienfaisance aient été admis à accepter des libéralités pour l'entretien de vieillards ou d'incurables dans un hospice; les revenus provenant de ces libéralités doivent être remis par le bureau de bienfaisance à la commune.

M. Bienvenu Martin a déclaré à la Chambre, le 11 juin 1903, qu'il ne pouvait s'agir que du revenu net des biens affectés qui sera remis par les hospices ou les bureaux de bienfaisance à la commune.

58. *Respect des clauses spéciales des libéralités.* — La commune restera tenue, comme l'hospice ou le bureau de bienfaisance, de se conformer aux clauses particulières mises aux libéralités, dans le cas où la libéralité stipulerait que la distribution serait effectuée par le bureau de bienfaisance seul ou à charge de diverses fournitures déterminées.

En cas de difficultés sur l'interprétation des actes, l'autorité judiciaire serait seule compétente.

Pour justifier cette interprétation, M. Bienvenu Martin disait dans son rapport : « Il serait inique et contradictoire de contraindre les communes à assister les vieillards et les indigents, et de laisser aux bureaux de bienfaisance et aux hospices la libre disposition des ressources qui ne leur ont été données que sous la condition de les consacrer au soulagement des indigents de cette catégorie. Il est donc juste que les revenus qui ont reçu cette affectation passent aux mains de la commune chargée d'assurer le service et voient ainsi diminuer d'autant les sacrifices qu'elle devra s'imposer pour subvenir aux frais qu'il occasionnera. » La loi du 15 juillet 1893 contient une disposition analogue.

En droit, cette dépossession des bureaux de bienfaisance et des hospices ne peut pas soulever d'objections sérieuses, elle ne porte pas atteinte aux volontés des testateurs, puisque les revenus des biens qu'ils ont donnés continueront de recevoir l'affectation qu'ils ont prescrite; elle substituera seulement un organisme à un autre pour en faire emploi.

59. *Obligations spéciales des hospices.* — Nous avons déjà dit que les hospices communaux et les hôpitaux-hospices sont dans l'obligation légale de recevoir gratuitement, autant que leurs ressources le leur permettent, les vieillards, les incurables et les infirmes ayant leur domicile de secours dans la commune siège de l'établissement et désignés pour l'hospitalisation.

On entend par ressources propres celles provenant de donations : il ne faut comprendre ni les remboursements des pensions, ni les subventions des communes. M. Bienvenu-Martin a dit que la loi a voulu que les hospices et les hôpitaux-hospices qui recevaient des vieillards, des infirmes ou des incurables sur leurs propres ressources avant la loi ne se retranchent pas derrière la loi pour ne subvenir à aucune dépense.

Mais il faut tenir compte des dispositions spéciales résultant des fondations. Ainsi, un hospice ne recevant des vieillards qu'à partir d'un âge fixé ne peut être tenu de recevoir des incurables au-dessus de cet âge. Si un hospice ne reçoit que des infirmes déterminés, il ne pourra être tenu de recevoir d'autres infirmes. On respectera également les fondations de lits en faveur d'indigents d'un quartier déterminé.

A ce sujet, les préfets devront veiller à ce qu'il s'établisse une entente entre les municipalités et les administrations hospitalières pour établir le compte de ressources propres de l'établissement destinées au nouveau service. On divisera ensuite la somme pour le prix de la journée, fixé en vertu de l'article 23, paragraphe 3, et on aura le nombre des pensions gratuites dues à la commune par l'établissement hospitalier.

Le Conseil de préfecture jugera les contestations qui pourraient naître entre les commissions administratives et les Conseils municipaux, sauf appel devant le Conseil d'Etat.

Pour les hôpitaux et hôpitaux-hospices intercommunaux, il y aura entente à établir entre la commission administrative et la commission syndicale. Il résulte de cet article que, pour les lits entretenus qui existent, les commissions administratives n'auront plus le libre choix des indigents à admettre, mais devront prendre ceux qui auront été désignés par le Conseil municipal pour l'hospitalisation.

60. *Contribution de l'Etat pour appropriation ou construction d'hospice.* — L'Etat contribuera par des subventions aux dépenses de construction ou d'appropriation des hospices nécessitées par l'exécution de la loi. Cette contribution est déterminée en raison inverse de la valeur du centime communal ou départemental, en raison directe des charges extraordinaires de la commune ou du département, et encore en raison de l'importance des travaux à exécuter conformément à des règles qui seront établies.

Le préfet devra, d'après la circulaire ministérielle : 1° faire une statistique des lits vacants dans les différents hospices ou hôpitaux-hospices ; 2° s'entendre avec les municipalités pour arriver à fixer le nombre d'assistés à hospitaliser. S'il y a excédent du nombre de candidats sur le nombre de places, il devra tâcher de réaliser, par des appropriations, les hospitalisations demandées par les municipalités. En cas de création d'hospices, les projets devront être approuvés par le ministre de l'intérieur.

Si les travaux sont entrepris par plusieurs départements en vertu des articles 89 et 90 de la loi du 10 août 1871 ou par un syndicat de communes, la subvention est fixée distinctement pour chacun des départements et pour chacune des communes participant à la dépense. La loi de finances de chaque exercice déterminera le chiffre maximum des subventions à accorder pendant l'année.

Pour les années 1907, 1908, 1909, la loi de finances de chaque exercice déterminera la somme que le ministre de l'intérieur sera autorisé à engager pour donner des subventions aux départements et aux communes pour la loi actuelle.

61. *Compétence.* — Les constatations relatives au domicile de secours sont considérées comme du contentieux administratif et sont jugées par le Conseil de préfecture du département où le vieillard, l'infirme ou l'incurable a sa résidence. C'est devant ce tribunal que seront portées les réclamations en remboursement formées par la commune, le département ou l'Etat ayant assisté un infirme ou un vieillard dont l'assistance ne lui incombait pas, contre la collectivité du domicile de secours. Les hospices auront le même recours s'ils ont reçu gratuitement un vieillard ou un infirme qui serait reconnu n'avoir pas son domicile de secours dans la commune.

Si une question d'état est soulevée, l'autorité judiciaire devra la trancher au préalable. Ces questions devront être jugées avec célérité.

La décision du Conseil de préfecture sera sujette à appel devant le Conseil d'Etat. Les Conseils de préfecture sont aussi compétents pour juger les différends 1° entre les commissions administratives des hospices et les préfets au sujet de la fixation du nombre de lits mis à la disposition du service et la détermination du prix de journée (art. 23) ;

2° Entre les commissions administratives des bureaux de bienfaisance ou des hospices et les municipalités pour les contributions obligatoires à fournir à la commune en vue de l'acquittement de ses charges d'assistance par application des articles 27 et 30 ;

3° Entre les administrations hospitalières et les municipalités touchant la liste d'assistés que l'hospice détermine gratuits.

Pour l'interprétation des actes de fondation de lits, l'autorité judiciaire est seule compétente.

Les décisions du Conseil de préfecture peuvent être déférées au Conseil d'Etat. En ce cas, le pourvoi est sans frais, en même temps que dispensé de timbre et du ministère d'avocat.

62. *Ville de Paris.* — Pour la ville de Paris, un règlement d'administration publique doit être fait spécialement pour l'application des articles 7, 8, 9, 10, 11, 12, 13, 21, 22, 23, 30 et 31.

Mais il est déjà entendu que la règle commune sera observée sur les points qui mettront l'assistance publique de Paris en relation avec les services de province, notamment sur la question du domicile de secours et les conditions de recours en remboursement d'avances. A l'heure où nous écrivons, l'organisation relative à Paris n'est pas décidée, le règlement n'a pas paru.

63. *Dispense de timbre et d'enregistrement.* — Aux termes de l'article 38, les certificats, significations, jugements, contrats, quittances et autres actes faits en vertu de la présente loi et ayant exclusivement pour objet le service de l'assistance aux vieillards, aux infirmes et aux incurables sont dispensés du timbre et enregistrés gratis, lorsqu'il y a lieu à enregistrement. Que faut-il entendre par le mot autres actes ? Sur ce point il y a eu controverse. Au Sénat, la commission avait proposé d'insérer les mots dons et legs avec autorisation spéciale. Ce texte fut écarté en première lecture (16 juin 1905) et en seconde lecture le 7 juillet 1905, malgré les efforts du président de la commission, M. Emile Labiche.

64. *Poursuites pour mendicité et vagabondage.* — Tout inculpé pour mendicité et vagabondage et tombant sous le coup des articles 269, 270 et 274 qui prétendra faire valoir ses droits à l'assistance pourra obtenir, s'il y a lieu, un sursis à la poursuite et être ultérieurement renvoyé, selon les cas, des fins de la poursuite.

Toutefois, au cas de récidive, les dispositions du présent article ne seront pas applicables. A ce sujet, M. le garde des sceaux doit adresser aux parquets des instructions que nous ne connaissons pas encore. Les dépenses d'entretien des dépôts de mendicité qui sont à la charge des départements seront diminuées d'autant.

65. *Aliénés.* — La loi (art. 40) stipule expressément qu'il n'est pas dérogé aux lois sur les aliénés.

Pour les aliénés, la situation est la même, qu'il s'agisse de domicile de secours ou de la répartition des dépenses.

66. *Abrogation.* — Les mesures prises par la loi du 29 mars 1897 et l'article 61 de la loi du 30 mars 1901, relatifs à l'assistance facultative aux vieillards, infirmes et incurables, sont abrogées à partir de l'application de la loi d'assistance aux vieillards, infirmes et incurables. Mais jusqu'à l'application de la loi, les dispositions antérieures restent en vigueur (Ch. des députés, 17 juillet 1905).

67. *Date d'application.* — La loi doit être applicable à partir du 1er janvier 1907.

Toutefois un délai de quatre mois est accordé pour la mise en œuvre du nouveau service. En sorte que l'application de la loi n'est obligatoire qu'à partir du 1er mai 1907.

Des règlements d'administration publique détermineront les mesures nécessaires pour assurer son exécution.

La loi n'étant applicable qu'à partir du 1er janvier 1907, c'est après cette date que seront dressées les listes de bénéficiaires prévues par les articles 7 et 8. Le bureau d'assistance fera son travail préparatoire pour que le Conseil municipal puisse arrêter la liste à la session de février 1907.

TEXTES LÉGISLATIFS

I

14 juillet 1905. — *LOI relative à l'assistance obligatoire aux vieillards, aux infirmes et aux incurables, privés de ressources.*

TITRE Ier

ORGANISATION DE L'ASSISTANCE

Art. **1er**. Tout Français privé de ressources, incapable de subvenir par son travail aux nécessités de l'existence et, soit âgé de plus de soixante-dix ans, soit atteint d'une infirmité ou d'une maladie reconnue incurable, reçoit, aux conditions ci-après, l'assistance instituée par la présente loi.

2. L'assistance est donnée par la commune où l'assisté a son domicile de secours ; à défaut de domicile de secours communal, par le département où l'assisté a son domicile de secours départemental ; à défaut de tout domicile de secours, par l'Etat.

La commune et le département reçoivent, pour le paiement des dépenses mises à leur charge par la présente loi, les subventions prévues au titre IV.

3. Le domicile de secours, soit communal, soit départemental, s'acquiert et se perd dans les conditions prévues aux articles 6 et 7 de la loi du 15 juillet 1893; toutefois le temps requis pour l'acquisition et la perte de ce domicile est porté à cinq ans. A partir de soixante-cinq ans, nul ne peut acquérir un nouveau domicile de secours, ni perdre celui qu'il possède.

Les enfants assistés, infirmes ou incurables, parvenus à la majorité, ont leur domicile de secours dans le département au service duquel ils appartenaient, jusqu'à ce qu'ils aient acquis un autre domicile de secours.

4. La commune, le département ou l'Etat, qui a secouru, par un des modes prévus au titre III de la présente loi, un vieillard, un infirme ou un incurable dont l'assistance ne lui incombait pas en vertu des dispositions qui précèdent, a droit au remboursement de ses avances, jusqu'à concurrence d'une année de secours.

La répétition des sommes ainsi avancées peut s'exercer pendant cinq ans; mais la somme à rembourser ne pourra être supérieure au montant de la dépense qu'aurait nécessitée l'assistance si elle avait été donnée au domicile de secours prévu par les articles 2 et 3.

5. La commune, le département ou l'Etat peuvent toujours exercer leur recours s'il y a lieu, et avec le bénéfice, à leur profit, de la loi du 10 juillet 1901, soit contre l'assisté, si on lui reconnaît ou s'il lui survient des ressources suffisantes, soit contre toutes personnes ou sociétés tenues de l'obligation d'assistance, notamment contre les membres de la famille de l'assisté désignés par les articles 205, 206, 207 et 212 du Code civil et dans les termes de l'article 208 du même Code.

Ce recours ne peut être exercé que jusqu'à concurrence de cinq années de secours.

6. Le service de l'assistance aux vieillards, aux infirmes et aux incurables est organisé, dans chaque département, par le conseil général délibérant dans les conditions prévues à l'article 48 de la loi du 10 août 1871.

Si le conseil général refuse ou néglige de délibérer, ou si sa délibération est suspendue par application de l'article 49 de la loi du 10 août 1871, il peut être pourvu à l'organisation du service par un décret rendu dans la forme des règlements d'administration publique.

TITRE II

ADMISSION A L'ASSISTANCE

7. Chaque année, un mois avant la première session ordinaire du conseil municipal, le bureau d'assistance dresse la liste des vieillards, des infirmes et des incurables qui, remplissant les conditions prescrites par l'article 1er et résidant dans la commune, ont fait valoir, dans leur demande écrite, leurs titres au service d'assistance institué par la présente loi. Il propose en même temps le mode d'assistance qui convient à chacun d'eux, et, si ce mode de secours est l'assistance à domicile, il indique la quotité de l'allocation mensuelle à leur accorder. La liste préparatoire ainsi dressée est divisée en deux parties : la première, comprenant les vieillards, les infirmes et les incurables qui ont leur domicile de secours dans la commune ; la seconde, ceux qui ont leur domicile de secours dans une autre commune, ou qui n'ont que le domicile de secours départemental, ou qui n'ont aucun domicile de secours.

Une copie de cette liste, accompagnée de toutes les demandes d'admission à l'assistance, est adressée au conseil municipal; une autre est envoyée au préfet.

Il est procédé à la revision de la liste un mois avant chacune des trois autres sessions du conseil municipal, et, en cas de besoin, dans le cours de l'année.

A défaut, par le bureau, de dresser cette liste, elle est établie d'office par le conseil municipal.

8. Le conseil municipal, délibérant en comité secret sur la totalité des demandes préalablement soumises au bureau d'assistance, qu'elles figurent ou non sur la liste préparatoire, prononce l'admission à l'assistance des personnes ayant leur domicile de secours dans la commune et règle les conditions dans lesquelles elles seront assistées soit à domicile, soit dans un établissement hospitalier.

9. La liste, ainsi arrêtée par le conseil municipal, est déposée au secrétariat de la mairie, et avis de ce dépôt est donné par affiches aux lieux accoutumés.

Une copie de la liste est en même temps adressée au préfet du département.

Pendant un délai de vingt jours, à compter du dépôt, tout vieillard, infirme ou incurable, dont la demande a été rejetée par le conseil municipal, peut présenter sa réclamation à la mairie; dans le même délai, tout habitant ou contribuable de la commune peut réclamer l'inscription ou la radiation des personnes omises ou indûment portées sur la liste.

Le même droit appartient au préfet et au sous-préfet.

10. Les décisions du conseil municipal relatives au taux de l'allocation mensuelle sont susceptibles de recours dans les mêmes conditions.

11. Il est statué, par décision motivée, dans le délai d'un mois, sur ces réclamations, le maire et le réclamant entendus ou dûment appelés, par une commission cantonale composée du sous-préfet de l'arrondissement, du conseiller général, d'un conseiller d'arrondissement dans l'ordre de nomination, du juge de paix du canton, d'une personne désignée par le préfet, d'un délégué des bureaux d'assistance du canton et d'un délégué des sociétés de secours mutuels existant dans le canton.

Le sous-préfet, ou, à son défaut, le juge de paix, préside la commission.

Le président de la commission donne, dans les huit jours, avis des décisions rendues au préfet et au maire, qui opèrent sur la liste les additions ou les retranchements prononcés et en donnent également avis aux parties intéressées.

Ces décisions peuvent être déférées par toute personne intéressée, pendant un délai de vingt jours à partir de la notification, au ministre de l'intérieur, qui saisit la commission centrale instituée par l'article 17. Ce recours n'est pas suspensif.

12. Dans le cas où le conseil municipal refuse ou néglige de prendre la délibération prescrite par l'article 8, la liste est, sur l'invitation du préfet, arrêtée d'office, dans le délai d'un mois, par la commission cantonale mentionnée à l'article précédent.

A défaut par la commission cantonale de remplir les obligations qui lui sont imposées par la présente loi, il est statué, dans le délai de deux mois, par la commission centrale.

13. Dès la réception des listes mentionnées à l'article 7, le préfet invite les conseils municipaux des communes où des postulants ont leur domicile de secours, à statuer à leur égard dans les conditions prévues aux articles 8 et suivants.

Il invite la commission départementale à statuer, conformément à l'article 14, à l'égard de ceux qui, n'ayant pas de domicile de secours communal, ont leur domicile de secours dans le département.

Il transmet enfin, avec son avis et les pièces justificatives, aux préfets des départements intéressés, les noms des postulants ayant leur domicile de secours, soit communal, soit départemental, dans un autre département, et au ministre de l'intérieur, les noms de ceux qui n'ont aucun domicile de secours.

14. La commission départementale prononce l'admission à l'assistance des vieillards, des infirmes et des incurables qui ont le domicile de secours départemental; elle règle les conditions dans lesquelles ils seront assistés. Ses décisions sont provisoirement exécutoires. Toutefois, le conseil général peut les réformer.

En cas de rejet de la demande ou de refus de statuer dans le délai de deux mois, soit par la commission départementale, soit par le conseil général, l'intéressé peut se pourvoir devant le ministre de l'intérieur, qui saisit la commission centrale. Le même droit appartient au préfet.

15. Sont également susceptibles de recours les décisions de la commission départementale et du conseil général relatives au taux de l'allocation mensuelle.

16. L'admission à l'assistance des vieillards, des infirmes et des incurables qui n'ont aucun domicile de secours est prononcée par le ministre de l'intérieur, sur l'avis de la commission instituée par l'article suivant.

17. Une commission centrale composée de quinze membres du conseil supérieur de l'assistance publique élus par leurs collègues et de deux membres du conseil supérieur de la mutualité élus par leurs collègues statue définitivement sur les recours formés en vertu des articles 11, 14 et 15 et donne son avis sur l'admission à l'assistance de l'Etat.

18. L'assistance doit être retirée lorsque les conditions qui l'ont motivée ont cessé d'exister.

Le retrait est prononcé, suivant les cas, par le conseil municipal, la commission départementale ou le ministre de l'intérieur. Il donne lieu aux mêmes recours.

TITRE III

MODES D'ASSISTANCE

19. Les vieillards, les infirmes et les incurables ayant le domicile de secours communal ou départemental reçoivent l'assistance à domicile. Ceux qui ne peuvent être utilement assistés à domicile sont placés, s'ils y consentent, soit dans un hospice public, soit dans un établissement privé ou chez des particuliers, ou, enfin, dans les établissements publics ou privés où le logis seulement, et indépendamment d'une autre forme d'assistance, leur est assuré.

Le mode d'assistance appliqué à chaque cas individuel n'a aucun caractère définitif.

20. L'assistance à domicile consiste dans le paiement d'une allocation mensuelle.

Le taux de cette allocation est arrêté, pour chaque commune, par le conseil municipal, sous réserve de l'approbation du conseil général et du ministre de l'intérieur.

Il ne peut être inférieur à cinq francs (5 fr.) ni, à moins de circonstances exceptionnelles, supérieur à vingt francs (20 fr.). S'il est supérieur à 20 fr., la délibération du conseil général est soumise à l'approbation du ministre de l'intérieur, qui statue après avis du conseil supérieur de l'assistance publique.

Dans le cas où il excéderait trente francs (30 fr.), l'excédent n'entre en compte ni pour le calcul des remboursements à effectuer en vertu de l'article 4, ni pour la détermination de la subvention du département et de l'Etat prévue au titre IV.

Au cas où la personne admise à l'assistance dispose déjà de certaines ressources, la quotité de l'allocation est diminuée du montant de ces ressources. Toutefois, celles provenant de l'épargne, notamment d'une pension de retraite que s'est acquise l'ayant droit, n'entrent pas en décompte si elles n'excèdent pas soixante francs (60 fr.). Cette quotité est élevée de 60 fr. à 120 fr. pour les ayants droit justifiant qu'ils ont élevé au moins trois enfants jusqu'à l'âge de seize ans. Dans le cas où les ressources dépassent ces chiffres, l'excédent n'entre en décompte que jusqu'à concurrence de moitié, sans que les ressources provenant de l'épargne et l'allocation d'assistance puissent ensemble dépasser la somme de quatre cent quatre-vingts francs (480 fr.).

Les ressources fixes et permanentes provenant de la bienfaisance privée entrent seules en décompte jusqu'à concurrence de moitié avec la même limite maximum de 480 fr.

21. La jouissance de l'allocation commence du jour fixé par la délibération prononçant l'admission à l'assistance.

Le bureau de bienfaisance ou d'assistance décide, suivant la situation de l'intéressé, si l'allocation doit être remise en une seule fois ou par fractions ; il peut décider que tout ou partie de l'allocation sera donnée en nature.

L'allocation est incessible et insaisissable. Elle est payée au lieu de résidence de l'intéressé, soit à lui-même, soit, en cas de placement familial, à une personne désignée par lui et agréée par le maire, soit enfin, en cas de secours en nature ou de fractionnement de la mensualité, au receveur du bureau de bienfaisance ou d'assistance. Le règlement d'administration publique, prévu à l'article 41, déterminera les règles de comptabilité à appliquer à ce service.

22. Lorsque la commune ne possède pas d'hospice ou lorsque l'hospice existant est insuffisant, les vieillards, les infirmes et les incurables ayant le domicile de secours communal sont placés dans les hospices ou dans les établissements privés choisis par le conseil municipal sur la liste dressée par le conseil général conformément à l'article suivant, soit enfin chez des particuliers.

23. Le conseil général désigne les hospices et les hôpitaux-hospices qui seront tenus de recevoir les vieillards, les infirmes et les incurables qui ne peuvent être assistés à domicile.

Le nombre des lits à leur affecter dans ces établissements est fixé, chaque année, par le préfet, les commissions administratives entendues.

Le prix de journée est réglé par le préfet, sur la proposition des commissions administratives et après avis du conseil général, sans qu'on puisse imposer un prix de journée inférieur à la moyenne du prix de revient constaté pendant les cinq dernières années. Il est revisé tous les cinq ans.

Au cas où l'hospitalisé dispose de certaines ressources, le prix de journée est dû par la commune, le département ou l'Etat, qui réalisent à leur profit le montant des déductions prévues à l'article 20.

24. Le conseil général désigne les établissements privés qui peuvent, en cas d'insuffisance des hospices, recevoir des vieillards, des infirmes et des incurables, et il approuve les traités passés pour leur entretien.

L'exécution des traités est soumise au contrôle de l'autorité publique.

Le conseil général fixe les conditions générales du placement des assistés dans les familles étrangères.

25. Les vieillards, les infirmes et les incurables qui sont dépourvus de tout domicile de secours sont placés dans des établissements publics ou privés désignés par le ministre de l'intérieur, à moins que le préfet ou la commission centrale d'assistance ne les ait admis à l'assistance à domicile ; ils reçoivent, dans ce cas, une allocation fixée dans les limites indiquées à l'article 20.

26. Les frais de visite occasionnés par la délivrance des certificats médicaux aux infirmes et aux incurables et les frais de transport des assistés sont supportés, s'il y a lieu, par la commune, par le département ou par l'Etat, suivant que ceux-ci ont le domicile de secours communal ou départemental, ou qu'ils sont dépourvus de domicile de secours.

Si les assistés n'ont pas leur domicile de secours dans la commune où ils résident, celle-ci fait l'avance de ces frais, sauf remboursement par la commune ou le département à qui incombe l'assistance, ou par l'Etat.

TITRE IV

VOIES ET MOYENS

27. Sont obligatoires pour les communes, dans les conditions des articles 136 et 149 de la loi du 5 avril 1884, les dépenses d'assistance mises à leur charge par la présente loi.

Les communes pourvoient à ces dépenses à l'aide : 1° des ressources spéciales provenant des fondations ou des libéralités faites en vue de l'assistance aux vieillards, aux infirmes et aux incurables, à moins que les conditions desdites fondations ou libéralités ne s'y opposent ; 2° de la participation éventuelle du bureau de bienfaisance et de l'hospice ; 3° des recettes ordinaires ; 4° en cas d'insuffisance, d'une subvention du département, calculée conformément au tableau A ci-annexé, et d'une subvention directe et complémentaire de l'Etat, calculée conformément au tableau C ci-annexé, en ne tenant compte pour le calcul des subventions que de la portion de dépense couverte au moyen de ressources provenant de l'impôt, d'impositions ou de taxes dont la perception est autorisée par les lois.

28. Sont obligatoires pour les départements, dans les conditions des articles 60 et 61 de la loi du 10 août 1871 :

1° Les dépenses d'assistance mises à leur charge par les articles 2 et 26 ;

2° Les subventions à allouer aux communes par application de l'article précédent :

3° Les frais d'administration départementale du service.

En cas d'insuffisance des ressources spéciales et des revenns ordinaires disponibles, il est pourvu à ces dépenses à l'aide :

1° D'impositions ou de taxes dont la perception est autorisée par les lois ;

2° D'une subvention de l'Etat, calculée conformément au tableau B ci-annexé, sur la portion de dépense couverte au moyen des ressources provenant des revenus ordinaires ou de l'impôt.

29. Indépendamment des subventions à allouer, en vertu des articles précédents, l'Etat est chargé :

1° Des frais de l'assistance aux vieillards, aux infirmes et aux incurables n'ayant aucun domicile de secours ;

2° Des frais généraux d'administration et de contrôle occasionnés par l'exécution de la présente loi.

30. Les bureaux de bienfaisance, les hospices et les hôpitaux-hospices possédant, en vertu de fondations ou de libéralités, des biens dont le revenu a été spécialement affecté à l'assistance à domicile des vieillards, des infirmes et des incurables seront tenus de contribuer à l'exécution de la présente loi, conformément aux conditions de la donation. jusqu'à concurrence dudit revenu.

31. Les hospices communaux sont tenus de recevoir gratuitement, autant que leurs ressources propres le permettent, les vieillards, les infirmes et les incurables ayant leur domicile de secours dans la commune où est situé l'établissement et qui ont été désignés pour l'hospitalisation conformément à l'article 19.

La même obligation incombe aux hospices intercommunaux et cantonaux à l'égard des vieillards, des infirmes et des incurables ayant leur domicile de secours dans les communes au profit desquelles ces hospices ont été fondés.

32. L'Etat contribue, par des subventions, aux dépenses de construction ou d'appropriation d'hospices nécessitées par l'exécution de la présente loi. Cette contribution est déterminée en raison inverse de la valeur du centime communal ou départemental, en raison directe des charges extraordinaires de la commune ou du département, et encore en raison de l'importance des travaux à exécuter conformément à des règles qui seront établies par un règlement d'administration publique.

Si les travaux sont entrepris par plusieurs départements, en conformité des articles 89 et 90 de la loi du 10 août 1871 ou par un syndicat de communes, la subvention est fixée distinctement pour chacun des départements et pour chacune des communes participant à la dépense.

Les projets doivent être préalablement approuvés par le ministre de l'intérieur.

La loi de finances de chaque exercice déterminera le chiffre maximum des subventions à accorder pendant l'année.

33. Pour les trois années 1907, 1908, 1909, la loi de finances de chaque exercice déterminera la somme que le ministre de l'intérieur sera autorisé à engager pour les subventions allouées aux départements et aux communes en exécution de la présente loi.

TITRE V

COMPÉTENCE

34. Les contestations relatives au domicile de secours sont jugées par le conseil de préfecture du département où le vieillard, l'infirme ou l'incurable a sa résidence.

35. En cas de désaccord entre les commissions administratives des hospices et le préfet, et entre les commissions administratives des bureaux de bienfaisance et des hospices et les conseils municipaux sur l'exécution des dispositions contenues aux articles 23, 27, 30 et 31, il est statué par le conseil de préfecture du département où est situé l'établissement.

36. Les décisions du conseil de préfecture peuvent être attaquées devant le conseil d'Etat.

Le pourvoi est jugé sans frais et dispensé du timbre et du ministère d'avocat.

TITRE VI

DISPOSITIONS DIVERSES

37. Un règlement d'administration publique déterminera les conditions d'application de la présente loi à la ville de Paris, en ce qui concerne les articles 7, 8, 9, 10, 11, 12, 13, 21, 22, 23, 30 et 31.

38. Les certificats, significations, jugements, contrats, quittances et autres actes faits en vertu de la présente loi, et ayant exclusivement pour objet le service de l'assistance aux vieillards, aux infirmes et aux incurables, sont dispensés du timbre et enregistrés gratis, lorsqu'il y a lieu à la formalité de l'enregistrement.

39. Tout inculpé, aux termes des articles 269, 270, 271 et 274 du Code pénal, qui prétendra faire valoir ses titres à l'assistance, pourra obtenir, s'il y a lieu, un sursis à la poursuite et être ultérieurement renvoyé, selon les cas, des fins de cette poursuite.

Toutefois, les dispositions du présent article ne sont pas applicables en cas de récidive.

40. Il n'est pas dérogé aux lois relatives aux aliénés.

Sont abrogés les articles 43 de la loi du 29 mars 1897, 61 de loi du 30 mars 1902 et toutes autres dispositions contraires à la présente loi.

41. La présente loi sera applicable à partir du 1er janvier 1907.

Des règlements d'administration publique détermineront, s'il y a lieu, les mesures nécessaires pour assurer son exécution.

II

14 avril 1906. — *DÉCRET relatif aux recettes et dépenses du service de l'assistance obligatoire aux vieillards, aux infirmes et aux incurables.*

Art. **1er.** Les recettes et les dépenses du service de l'assistance obligatoire aux vieillards, aux infirmes et aux incurables privés de ressources sont centralisées au budget départemental et soumises aux règles générales de la comptabilité départementale.

2. Le budget départemental comprend en recettes :

1° La quote-part des communes, y compris la subvention directe de l'Etat déterminée par le tableau C annexé à la loi, et les sommes versées par les établissements de bienfaisance au cas prévu par l'article 30 de la loi du 14 juillet 1905 ;

2° Les subventions de l'Etat au département et les sommes dues par l'Etat pour les assistés n'ayant aucun domicile de secours ;

3° Le produit des remboursements effectués en vertu des articles 4 et 5 de la loi du 14 juillet 1905;

4° Le produit des dons et legs et autres recettes éventuelles.

3. Le budget départemental comprend en dépenses :

1° Les allocations mensuelles;

2° Les frais d'hospitalisation, soit dans des hospices publics, soit dans des établissements privés ;

3° Les frais d'entretien chez des particuliers;

4° Les frais d'entretien dans des établissements publics ou privés où le logis seulement est assuré au bénéficiaire ;

5° Les frais de visite occasionnés par la délivrance des certificats médicaux ;

6° Les frais de transport des assistés ;

7° Les frais d'administration du service dans le département.

Les dépenses sont acquittées au moyen des recettes prévues à l'article 2 ci-dessus et du contingent départemental, notamment des subventions aux communes.

4. La quote-part à verser par chaque commune, en vertu du paragraphe 1er de l'article 2 ci-dessus, est provisoirement fixée au chiffre constaté dans le dernier compte réglé.

Le versement en est effectué par quart à l'expiration de chaque trimestre.

Elle est réglée définitivement lors de la clôture des comptes de l'exercice.

5. Des états annexés au budget départemental font ressortir en recettes et dépenses les opérations du service de l'assistance aux vieillards, aux infirmes et aux incurables privés de ressources.

6. Les allocations mensuelles sont mandatées par le préfet au nom du receveur du bureau de bienfaisance ou, à défaut de bureau de bienfaisance, au nom du receveur du bureau d'assistance de la commune où résident les intéressés.

Le mandat est accompagné d'un état arrêté par le préfet, indiquant la somme revenant à chacun des assistés.

7. Chaque mois, il est remis à l'assisté par l'ordonnateur du bureau de bienfaisance ou, à défaut de bureau de bienfaisance, par l'ordonnateur du bureau d'assistance, un bon visé par lui et sur la remise duquel l'allocation est payée par le comptable après signature, pour acquit, par la partie prenante.

Si l'allocation mensuelle doit être payée par fractions, il est délivré autant de bons qu'il doit être effectué de paiements.

8. Si l'assisté n'habite pas dans la commune où réside le comptable chargé du paiement, il peut faire parvenir directement à ce dernier le bon acquitté, et les fonds sont adressés par la poste à l'intéressé.

9. L'allocation mensuelle est payée à la fin de chaque mois à terme échu. Toutefois, les allocations versées aux hospices, conformément à l'article 3, sont mandatées directement tous les trois mois.

10. Avis du décès des assistés est donné au préfet, dans un délai de cinq jours : 1° par le maire pour les bénéficiaires qui habitent la commune et qui jouissent d'une allocation mensuelle ou bénéficient d'un placement familial; 2° par l'administration hospitalière pour les assistés hospitalisés.

11. Les arrérages de l'allocation mensuelle sont dus jusqu'au jour du décès des assistés.

12. Les receveurs hospitaliers font ressortir dans des chapitres spéciaux de leur compte les opérations en recettes et en dépenses faites pour l'application de la loi du 14 juillet 1905.

13. Un arrêté concerté entre le ministre de l'intérieur et le ministre des finances déterminera :

1° Le modèle du bon prévu à l'article 7;

2° Les pièces justificatives en recettes et en dépenses du service de l'assistance aux vieillards, aux infirmes et aux incurables privés de ressources.

BULLETIN-COMMENTAIRE DES LOIS NOUVELLES & DÉCRETS

Recueil mensuel. — Abonnement annuel, **7** fr.

103, boulevard Saint-Michel, à Paris (V^e^)

LÉONCE BELZACQ, DIRECTEUR

Tous les articles sont rédigés par d'éminents jurisconsultes, spécialistes dans la matière traitée

---

INDICATION DES PRINCIPALES MATIÈRES TRAITÉES

I. — De 1894 à 1899 inclus

Deux tomes réunis en un fort volume de 1.284 pages. Prix net, relié demi-chagrin rouge, **25** *fr.*

Accidents du travail. — **Animaux domestiques** (Police, protection, vente) — **Anarchistes** (Menées). — **Armée** (Étudiants. Service de deux frères. Membres du Parlement) — **Assistance médicale gratuite.**

Boissons. — **Brocanteurs** (Commerce de). — **Budgets** (de 1895 à 1899).

Cadastre (Revision du). — **Caisse nationale des retraites.** — **Caisses d'épargne.** — **Caisses de retraites, de secours et de prévoyance** (Employés et ouvriers). — **Cautionnements.** — **Chambres de commerce.** — **Chasse** (Police de la). — **Conseils généraux.** — **Contributions directes et taxes** (de 1896 à 1899). — **Crédit agricole.**

Domaines congéables. — **Droits électoraux** (Officiers ministériels destitués).

Eaux (Régime des). — **Enfants naturels.** — **Enfants** (Violences). — **Enseignement public** (Responsabilité civile) — **Epoux survivant** (Droits de l'). — **Actes de l'état civil** (Mentions). — **Etrangers** (Cautions. Séjour et travail). — **Explosifs.**

Fabriques paroissiales. — **Femmes électeurs** (Tribunaux de commerce). — **Femme témoin.** — **Fonds de commerce** (Nantissement). — **Frais dus** aux officiers ministériels.

Habitations à bon marché. — **Huissier** (Secret des actes d').

Inscription maritime. — **Instruction judiciaire** modifiée. — **Jours fériés.** — **Juges de paix** (Audiences foraines).

Lettres de change. — **Dons et legs** (à des personnes morales).

Mariage. — **Marins** (Caisse de retraite). — **Malfaiteurs** (Associations).

Nationalité. — **Notaires** (Honoraires des).

Oppositions (Salaires et petits traitements). — **Outrages** aux bonnes mœurs — **Ouvriers mineurs.**

Pêche fluviale. — **Police administrative.**

Récolte (Police rurale). — **Réhabilitation** des condamnés. — **Revision** des procès criminels.

Saisie-arrêt sur salaires et petits traitements. — **Salubrité publique.** — **Sécurité publique.** — **Séparation de corps.** — **Simple police** (Appel des jugements de). — **Sociétés de secours mutuels** et **statuts modèles.** — **Sociétés** par actions. — **Succession** (Rapport à)

Tarif des notaires. — **Taxe militaire.** — **Travaux publics** (Dommages causés par les).

Valeurs étrangères. — **Ventes des objets abandonnés** chez les aubergistes et hôteliers. — **Vins** artificiels et fraudes.

Warrants agricoles.

II. — De 1900 à 1905 inclus

Trois tomes réunis en un fort volume de 1.560 pages. Prix net, relié demi-chagrin rouge, **30** *fr.*

Accidents du travail (Lois de 1902 et 1905). — **Actes de l'état civil** aux armées. — **Actions** de priorité et d'apport. — **Affouage.** — **Agriculture** (Crédit. Dégâts par le gibier. Assurance). — **Alambics** (Contrôle). — **Animaux** (Police sanitaire). — **Armée** (Service de deux ans). — **Assistance** (Gestion). — **Assistance judiciaire** (Réorganisation) — **Associations et congrégations.** — **Assurances** (Compétence).

Bail emphytéotique. — **Boissons.** — **Bouilleurs de cru.** — **Brevets d'invention.** — **Budgets** (de 1900 à 1905). — **Bureaux de bienfaisance et d'assistance.** — **Bureaux de placement.**

Casier judiciaire. — **Chemins de fer** (Responsabilité). — **Communes** (Affouage. Organisation municipale. — Autorisation de plaider. — Construction des maisons d'école. Dons et legs). — **Congrégations** (Associations. Enseignement). — **Conseil d'Etat.** — **Conseils généraux.** — **Contributions directes et taxes assimilées** (de 1900 à 1905). — **Contributions** (Réclamations sur). — **Conventions internationales** (Mariage. Tutelle. Divorce. Séparation de corps. — Procédure civile. — Compétence judiciaire).

Décentralisation administrative. — **Dons et legs** (aux communes et établissements publics ou de bienfaisance)

Employés (Retraites. Placement). — **Enfant mineur** (Garde. Représentation). — **Enregistrement** (Lois de 1900 à 1905).

Force armée (Réquisitions).

Gendarmerie (Organisation). — **Gibier** (Dégâts).

Habitations à bon marché. — **Hygiène et sécurité** des travailleurs. — **Hypothèques** (Formalités).

Inhumations (Monopole des communes).

Justices de paix (Compétence nouvelle de la loi de 1905. Réorganisation).

Logements insalubres.

Maisons d'école (Construction d'office). — **Mariage à l'étranger.** — **Marine marchande.**

Notariat (Réforme. Aptitudes).

Objets abandonnés chez les ouvriers et industriels. — **Obligations militaires.** — **Officiers ministériels** (Suppression. Destitution. Frais). — **Organisation municipale.** — **Ouvriers des mines** (Retraites et secours).

Placement (Ouvriers et Employés). — **Police sanitaire des animaux.** — **Prud'hommes** (Réorganisation de la loi de 1905).

Quotité disponible entre époux.

Réhabilitation (de droit, des faillis). — **Responsabilité** (Accidents. Enseignement. Transporteurs). — **Réservistes et territoriaux** (Travail réservé).

Santé publique. — **Sapeurs-pompiers.** — **Sociétés** (Crédit et assurances agricoles). — **Sociétés de secours mutuels** et unions. — **Successions** (Régime fiscal. Quotité disponible). — **Sucres** (Nouveau régime).

Taux de l'intérêt légal. — **Testament** (Armée. Colonies). — **Titres au porteur** perdus ou volés. — **Traite des blanches.** — **Transporteurs** (Responsabilité). — **Tutelle** (Mineurs étrangers).

Usages locaux.

Valeurs de Bourse (Vente à crédit. Perte ou vol). — **Vente des objets abandonnés** chez les ouvriers et industriels. — **Vices rédhibitoires.**

Cet ouvrage, indispensable aux municipalités, est le seul permettant à tous de connaître les lois nouvelles et de s'y conformer au mieux des intérêts publics et privés.

www.ingramcontent.com/pod-product-compliance
Ingram Content Group UK Ltd.
Pitfield, Milton Keynes, MK11 3LW, UK
UKHW020421220726
13923UKWI100005B/2096